山西省适应气候变化战略研究

Shanxisheng Shiying Qihou Bianhua Zhanlue Yanjiu

张建新　李　芬　王智娟
秦志红　郭慕萍　张冬峰　著

气象出版社
China Meteorological Press

内容简介

本书基于国内外和山西省适应气候变化相关研究进展，在介绍全球、中国和山西气候变化观测事实的基础上，探讨了山西省适应气候变化战略的指导思想、原则和目标，全面分析了气候变化对山西省资源、生态环境和社会经济发展影响。在此基础上，提出了山西省不同地区适应气候变化的重点任务和行动方案，阐述了不同领域和产业适应气候变化的基本对策，可为山西省制定适应气候变化的规划与方案、建设生态文明提供决策参考。

本书可供相关行业和地方的管理部门使用，也可供气象、农业、林业、水资源、能源、人体健康等领域的科研与教学人员参考。

图书在版编目(CIP)数据

山西省适应气候变化战略研究/张建新等著. —北京：气象出版社，2016.1

ISBN 978-7-5029-6190-9

Ⅰ.①山… Ⅱ.①张… Ⅲ.①气候变化-影响-区域发展战略-研究-山西省 Ⅳ.①D672.5

中国版本图书馆 CIP 数据核字(2015)第 203904 号

Shanxisheng Shiying Qihou Bianhua Zhanlue Yanjiu

山西省适应气候变化战略研究

出版发行：气象出版社

地　　址：北京市海淀区中关村南大街 46 号　　**邮政编码**：100081

总 编 室：010-68407112　　**发 行 部**：010-68409198

网　　址：http://www.qxcbs.com　　**E-mail**：qxcbs@cma.gov.cn

责任编辑：张锐锐　杨柳妮　　**终　　审**：黄润恒

封面设计：宋现宝　　**责任技编**：吴庭芳

印　　刷：北京地大天成印务有限公司

开　　本：787 mm×1092 mm　1/16　　**印　　张**：10.5

字　　数：190 千字

版　　次：2016 年 1 月第 1 版　　**印　　次**：2016 年 1 月第 1 次印刷

定　　价：68.00 元

序

科学研究表明，气候变化已经对人类赖以生存的自然系统构成了巨大、长远甚至不可逆转的损害，导致全球干旱洪涝灾害频发，水资源短缺和分布不平衡加剧，生物多样性锐减，生态安全受到威胁，对整个世界经济社会发展造成了严峻的现实威胁。积极应对气候变化已经成为国际社会和世界各国的紧迫任务。作为应对气候变化的两个重要方面，减缓是一项长期的任务，而适应则更为现实和迫切，已成为人类社会的必然选择和共同需要。

山西省是我国重要的能源基地和农业省份，也是中华文明的发祥地之一。近几十年来，以暖干化为主要特征的气候变化对山西省的农业、林业、水资源、生态系统、人体健康、城市发展、区域经济、人民生活等都产生了深刻影响。如对农业的影响，一方面气候变暖使无霜期延长，农业有效积温增加，冬小麦生育期缩短，越冬冻害减少，夏玉米生育期延长；另一方面，气候变暖对农业生产也有明显的不利影响，导致病虫害危害时间延长、范围扩大、程度加重，化肥、农药效率降低、用量增加，农业水分供需矛盾加剧，高温干旱、低温冻害、冰雹、暴雨等对农业造成的损失日趋严重。目前山西省正处于产业结构调整、农村人口城镇化和努力全面建成小康社会的转型期，对气候变化的影响更为敏感。

山西省委、省政府历来高度重视应对气候变化工作，结合产业结构调整、节能减排、增加森林碳汇等工作的开展，为减缓和适应气候变化做出了积极的努力。2011 年 6 月，省发改委下发了《关于全面开展应对气候变化工作的通知》，对编制低碳发展规划、编制温室气体排放清单、建立温室气体管理平台、开展低碳试点示范工作、加快建设高碳产业低碳发展的产业体系等工作提出明确要求。2011 年 7 月 12 日，省政府印发《山西省应对气候变化办法》，明确了应对气候变化的责任主体、适应气候变化的主要措施、控制温室气体排放的能力建设、减缓气候变化的主要工作内容及应对气候变化的保障措施，这是山西在构建应对气候变化法律体系工作中的一项重要成果，是山西省第一部应对气候变化的政府规章。2014 年 6 月 9 日，经省政府同意，省发改委印发了《山西省应对气候变化规划(2013—2020 年)》，提出了山西省应对气候变化工作的指导思想、目标要求、重点任务、重点工程和保障措施，提出将通过推动产业结构低碳转型、能源低碳化调整、节约能源提高能效、开展试点示范建设以及增加林业碳汇等手段控制温室气体排放，从农业、林业、水资源、城乡建设和人群健康等五个方面增强适应气候变化能力，推动工业、建筑、交通等重点领域低碳发展，加强全省应对气候变化基础能力建设。

应对气候变化关系国计民生，关系山西经济转型和社会发展各个方面，省委、省政府认真贯彻落实党中央“全面建成小康社会、全面深化改革、全面推进依法治国、全面从严治党”的战略布局，依法开展应对气候变化工作，科学布局，统筹规划，稳步推进，提质增效。2015 年省政府工作报告中指出要继续加强生态文明建设，持续改善生态环境，提出促进能源资源节约集约利用、加强环境保护、加大生态建设力度等措施，为当前及今后山西省全面推进应对气候变化工作指明了方向。

本书在介绍全球、中国和山西气候变化观测事实的基础上，全面分析了气候变化对山西省资源、生态环境和社会经济发展的影响，评估了山西适应气候变化的现状和需求，阐述了不同领域和产业适应气候变化的基本对策，为山西省制定应对气候变化的规划、方案和建设生态文明提供了决策依据，具有较好的参考意义。

山西省气象局局长：柳怀明

2015 年 8 月

前言

气候是大气物理特征的长期平均状态，是某一地区某一时段各种天气过程的综合表现。

气候变化是指气候平均状态在统计学意义上的巨大改变或者持续较长一段时间的气候变动。气候变化的原因可能是自然的内部进程，或是外部强迫，或是人为地持续对大气组成成分和土地利用的改变。

1992 年《联合国气候变化框架公约》(UNFCCC)将“气候变化”定义为：“经过相当一段时间的观察，在自然气候变化之外由人类活动直接或间接地改变全球大气组成所导致的气候改变。”

该定义将主要因人类活动而改变大气组成的“气候变化”与归因于自然原因的“气候变率”区分开来。目前人类面临的以变暖为主要特征的气候变化，主要是由于工业革命以来大量排放二氧化碳等温室气体和改变土地利用与覆被格局，导致温室效应不断加剧造成的。

气候变化是当今国际社会共同面临的最大环境问题，正在深刻地影响着人类的生存和发展。对过去和现在全球和区域气候变化的认识和理解以及对未来气候变化的预估是决策者和公众共同关心的问题，是各国和各地区制定中长期社会经济发展规划的重要依据。应对气候变化、保护全球环境，需要各国决策者和公众协同努力，不断凝聚共识，采取协调一致的共同行动，积极应对挑战。

减缓和适应是应对气候变化的两大基本对策。减缓指降低大气中温室气体的浓度，具体措施包括通过节能和以低碳或非碳能源替代化石能源来减少二氧化碳排放和采用固定二氧化碳的增汇技术，也包括减排其他温室气体和人工调节局地气候的一些措施。根据政府间气候变化专门委员会(IPCC)给出的定义，适应是指通过调整自然和人类系统以应对实际发生的或预估的气候变化或影响，适应的核心是趋利避害。减缓与适应的两大对策彼此不能相互替代，但又是相辅相成的。虽然减缓是遏制温室效应的根本性措施，但由于经济发展需要和技术上的难度，很难在短时期内把全球大气温室气体浓度降低到工业革命以前的水平。即使能够做到，由于气候系统巨大的惯性，全球的气候变化仍然会延续相当长的时期。人类必须采取适应措施以确保社会经济在气候变化背景下的可持续发展。

适应的内容包括对气候变化基本趋势的适应、对极端天气/气候事件的适应和对气候变化引起的生态系统变化与社会经济后果的适应，这些变化如海平面上升、二氧化碳等温室气体浓度增高、高寒地区积雪消融和冻土变浅、土壤有机质减少、生物多样性减少、资源分布改变、产业结构调整、生活方式改变、生态脆弱地区的气候变化致贫等。

适应对策并不是消极和被动的。事实上，自地球的大气层形成以来，传统意义上的气候变化就一直在进行。生物和人类反复经历着对气候变化的不适应—适应—新的不适应—新的适应的循环过程。每一次气候的剧烈变化都给生物和人类带来了不少灾难，但也推动了生物的进化和人类社会的进步。适应是人类与大自然和谐相处的一种态度和理念，科学和积极的适应是促进社会经济发展的重要驱动力。

由于气候变化及其影响的复杂性和一定程度的不确定性，长期以来，人们对于减缓对策比较明确、措施具体，提出了发展低碳经济、建设低碳社会的目标，并且具有定量的考核指标体系；但对于适应对策的认识相对模糊，缺乏清晰的目标与定量考核指标。为此，必须加强有关气候变化影响与适应机制的研究和宣传。经过两年多的工作，国家发改委会同财政部、农业部、住房城乡建设部、交通运输部、水利部、农业部、林业局、气象局、海洋局等于 2013 年 11 月 18 日联合发布了《国家适应气候变化战略》(简称《战略》)，并要求各省、自治区、直辖市及新疆生产建设兵团发展改革委要根据《战略》要求编制省级适应气候变化方案，会同有关部门组织实施。

山西省是中国重要的能源基地和农业省份，也是中华文明的发祥地之一。近几十年来，以暖干化为主要特征的气候变化对山西省的农业、林业、水资源、生态系统、人体健康、城市发展、区域经济、人民生活等都产生了深刻影响。目前山西省正处于产业结构调整、农村人口城镇化和努力全面实现小康目标的社会转型期，对气候变化的影响更为敏感。

本书在介绍全球、中国和山西气候变化的观测事实的基础上，全面分析气候变化对山西省资源、生态环境和社会经济发展影响，阐述不同领域和产业适应气候变化的基本对策，为山西省制定适应气候变化的规划与方案、建设生态文明提供决策参考。

目录

第1章

山西省的气候变化及未来情景

1.1 全球气候变化及其影响

地球气候有史以来就经历着冷暖与干湿的自然变化，近代的实际气候变化是自然变化和人类活动影响共同作用的结果。科学研究表明，对于当前正经历的以变暖为主要特征的全球气候变化而言，极有可能主要是由人类活动影响造成的。

根据 IPCC 第五次评估报告第一工作组的报告，工业革命以来人类活动引起大气温室气体浓度大幅度增加，已上升到过去 80 万年以来前所未有的水平，使得大气吸收地表向外发射的长波辐射能力增强，导致地表增温[1]。观测到的 1951—2010 年全球平均地表温度的升高，一半以上极有可能是由人类活动导致的。

1.1.1 全球气温和降水变化的观测事实

基于气候系统多种观测资料的分析表明，气候变暖是毋庸置疑的。自 1901 年以来全球几乎所有地区都在增暖（图 1.1）。1880—2012 年，全球地表平均温度升高 0.85℃[1]。增暖程度上冬半年高于夏半年、北半球高于南半球、陆地高于海洋。21世纪最初的10年是有记录以来最暖的10年，但由于气候系统的自然变化，近十几年观测到的地表增温趋势趋缓。1998—2012年，气温每十年升高0.05℃，远小于1951—2012年间每十年升高0.12℃的速率。

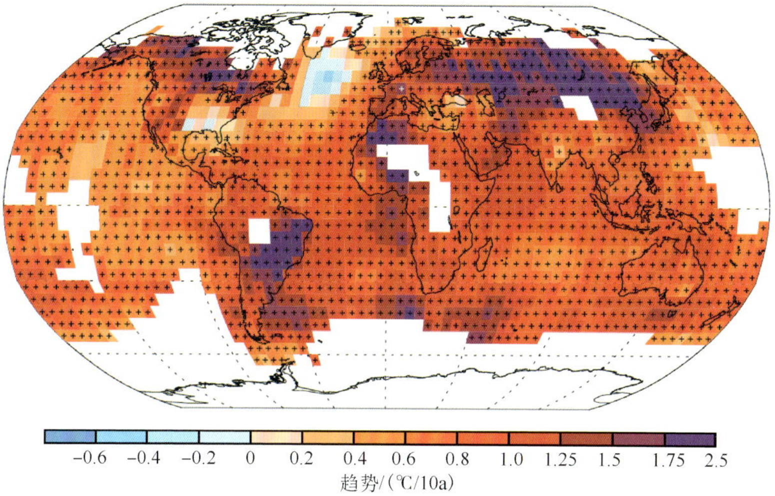

图1.1 观测到的1901—2012年温度变化趋势分布图

自1901年以来，北半球中纬度陆地区域平均降水增加。其他纬度、区域平均降水的长期变化趋势不明显(图1.2)[1]。

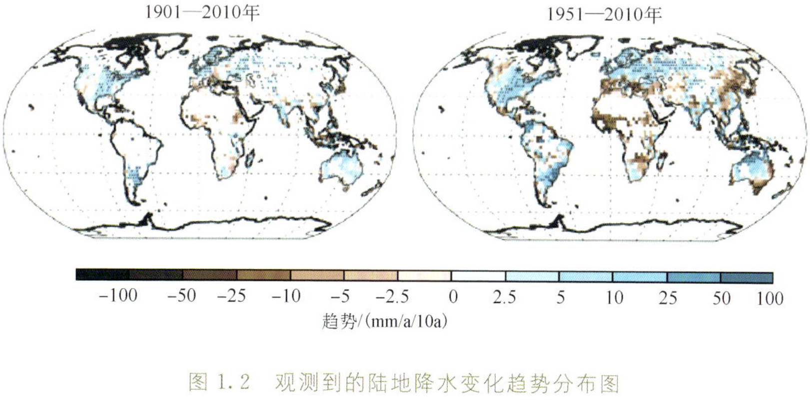

图1.2 观测到的陆地降水变化趋势分布图

(左图为1901—2010年，右图为1951—2010年)

伴随着全球变暖，1951 年以来，许多极端天气和气候事件也发生了变化，全球尺度上，冷昼和冷夜数量减少，暖昼和暖夜增加。欧洲、亚洲和澳大利亚热浪发生频率增加。北美洲和欧洲强降水频率增加或强度增强。

1.1.2 全球未来气温和降水变化预估

温室气体排放情景是对未来气候变化预估的基础。新一代温室气体排放情景称为“典型浓度目标”（RCPs），包括 RCP8.5、RCP6.0、RCP4.5 和 RCP2.6 四种情景，其中 RCP8.5 和 RCP2.6 分别代表高、低排放情景，RCP6.0 和 RCP4.5 均代表中排放情景。

未来温室气体继续排放将会造成全球气候进一步增暖。与 1986—2005 年相比，在 4 种不同的排放情景下，2016—2035 年期间全球平均表面温度变化可能升高 0.3～0.7℃，2081—2100 年全球平均表面温度可能上升 0.3～4.8℃（图 1.3）。空间分布上，北极地区变暖速度高于全球平均，陆地平均变暖大于海洋[1]。

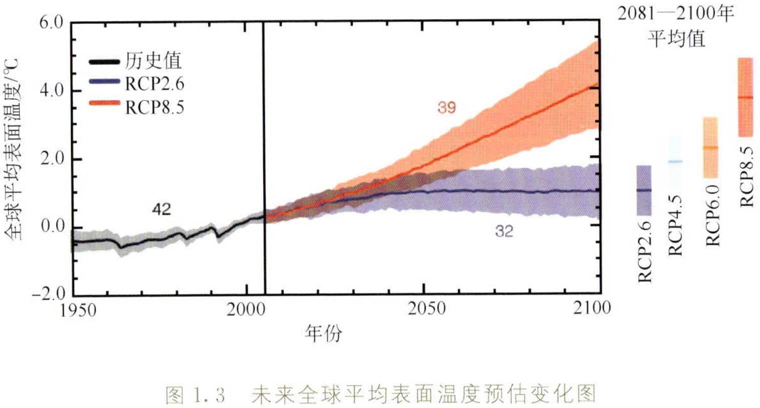

图 1.3 未来全球平均表面温度预估变化图

全球降水变化对变暖的响应不一致。总体上，近期区域尺度上，降水的变化主要受气候系统内部自然变化的影响。

21世纪末，高纬度地区、赤道太平洋和很多中纬度湿润地区平均降水可能增加，很多中纬度和副热带的干旱地区平均降水可能减少（图1.4）。全球季风降水总量增加，全球季风降水强度增加[1]。

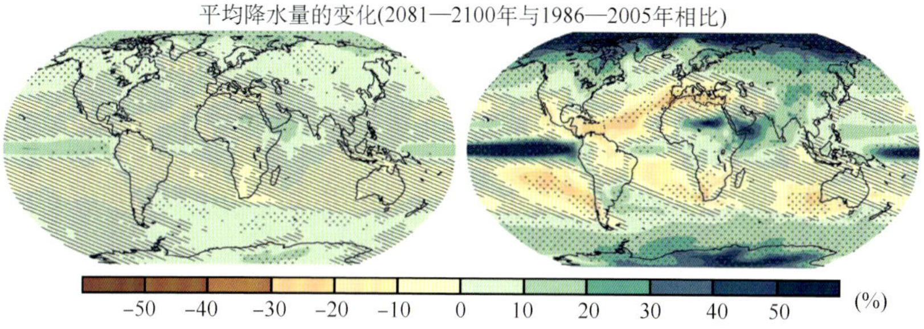

图1.4　21世纪末全球平均降水变化预估分布图

（左图为低排放-RCP2.6和右图为高排放-RCP8.5）

未来随着全球平均气温的升高，大部分地区极端暖事件将增多，冷事件将减少，热浪发生频率更高，时间更长。偶尔仍会发生极端冷冬事件。中纬度大部分陆地地区和湿润的热带地区极端降水可能强度加大、频率增高。

1.1.3　全球气候变化的影响

伴随着全球变暖，海洋、冰冻圈等也发生了显著的变化，直接影响可利用水资源、陆地生态系统、粮食安全、人类健康等。

19世纪中叶以来，全球海平面上升速率高于过去两千年来的平均速率。1901—2010年上升速率为每年1.7 mm，1971—2010年为每年2.0 mm，1993—2010年为每年3.2 mm。工业革命以来，海洋吸收的二氧化碳使得海水酸化，海表水pH值下降0.1。海洋上蒸发和降水也发生了变化，以蒸发为主的高盐度海水变得更咸，以降水为主的低盐度海水变得更淡。过去20年，格陵兰和南极冰盖冰量损失，几乎全球范围内的冰川退缩，北极海冰和北半球春季积雪面积缩小。

降水和冰川融水的改变使得许多区域的水资源时空分布失衡。受气候变化影响，陆地植物和动物物种的分布范围、季节行为也发生改变。几个主要陆地生态系统（森林、草地、湿地、荒漠等）正在经历大规模的变化。气候变暖对很多区域的小麦和玉米产量有负效应，导致不发达地区粮食减产。气温、降水和海平面的变化也改变了一些疾病媒介物的分布，加大了人员伤亡。

未来全球气候变化影响仍将持续，并且加重。全球平均海平面将继续上升，由于海洋进一步变暖的热膨胀以及冰川等的消融，海平面上升的速率很可能超过1971—2010年的观测速率。海洋对碳的进一步吸收将加剧海洋的酸化，pH值将下降0.06～0.32。北极海冰覆盖将继续缩小、变薄，北半球春季积雪将减少。全球冰川体积将进一步减少。预计未来气候变化将可能进一步加剧水资源问题的严峻性，使生态系统进一步遭到破坏、农业生产不稳定性进一步增加，以及对人类健康等的影响会更加严重。

1.2 中国气候变化及其影响

中国人口众多，正处于工业化、城市化、现代化的发展阶段，技术设备相对落后，加上发达国家向中国大量转移高能耗、高污染产业，使得中国温室气体排放总量迅速增长，现已超过美国，居世界第一。人均排放量也已超过世界人均排放水平，约为西欧和日本的一半和美国的40％。但近年来单位GDP排放强度明显下降，成效显著。在全球气候变化的大背景下，中国的气候也发生了显著变化。

1.2.1 中国气温和降水变化的观测事实

中国气候变暖趋势与全球基本一致，但增温幅度高于全球平均幅度（图 1.5）。近百年中国地表平均气温升高 1.1℃，近 60 年（1951—2009 年）地表温度上升了 1.38℃[2]，但进入 21 世纪以来中国平均气温变化趋缓。

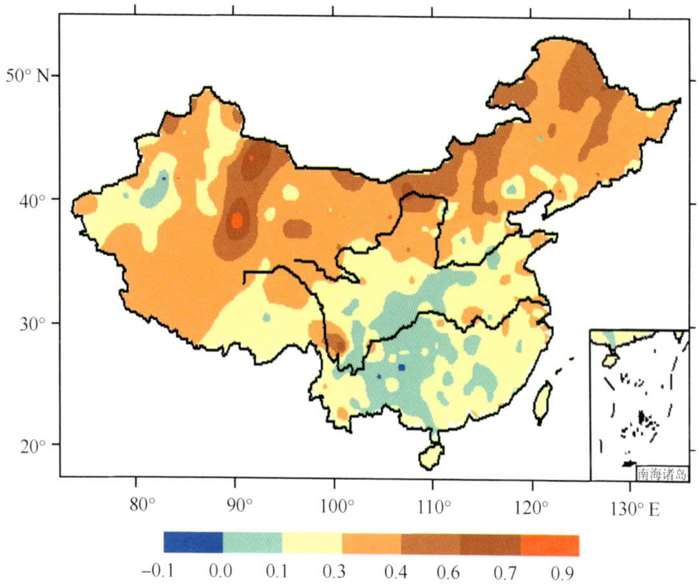

图 1.5 1961—2010 年中国年均气温变化幅度分布图（单位：℃/10a）

近 50 年来，中国降水分布格局发生了明显变化。西部地区降水增加 15%～50%；东部地区频繁出现“南涝北旱”；华南地区降水增加 5%～10%；而华北和东北大部分地区减少 10%～30%（图 1.6）[2]。

值得注意的是：进入 21 世纪，中国夏季雨带出现北移倾向。资料显示，华北地区在 2003 年至 2013 年的 11 年中，有 9 年降水量比常年偏多。华南地区年降水量在 2003 年后出现阶段性减少趋势，一般较常年同期偏少 10%至 20%；长江中下游地区年降水量在2003年后已经有8年比常年同期明显偏少。最近两年，这种雨带北移的趋势更加明显，2012年华北夏季降水量较常年偏多23.6%；2013偏多29.1%。在气象学界，越来越多的学者愿意明确支持“北涝南旱”是一种年代际变化趋势的观点，“北涝南旱”很可能会成为未来一段时期的趋势。但由于降水总量仍然是南方高于北方，加上社会经济发展导致用水量的增加，北方的水资源紧缺难以根本改变，南方的干旱主要表现为西南、华南的冬春旱与长江流域的伏旱等季节性干旱。

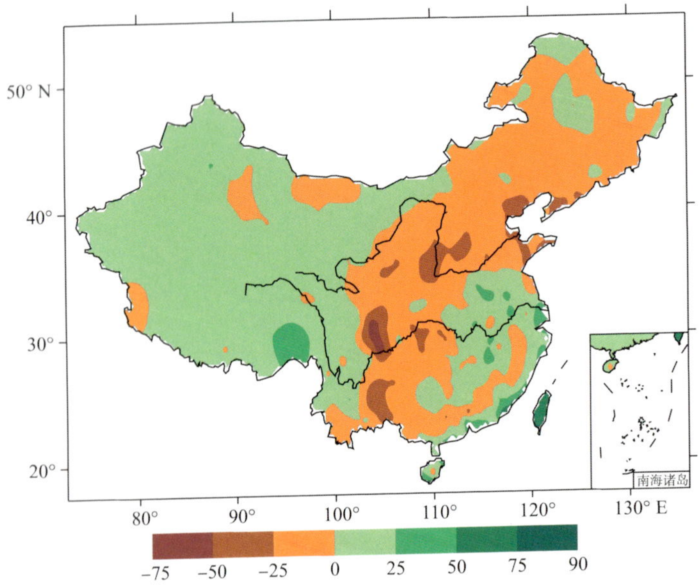

图1.6 1959—2010年中国年降水量变化幅度分布图(单位:%/10a)

中国极端天气气候事件的发生频率和强度变化明显。一是夏季高温热浪增多，特别是1998年以后，35℃以上的高温日数连续显著高于常年平均。二是区域性干旱加剧，近15年中等以上干旱日数东北增加37%，华北增加16%，西南增加10%。三是强降水增多，最近20年是继20世纪50年代之后长江和淮河流域洪水灾害高发期。四是影响中国台风强度明显增加，21世纪以来，影响中国台风的强度明显增加，平均每年有8个台风登陆，其中有一半是最大风力超过12级的台风或强台风（风力14级以上），与20世纪90年代相比分别增加了14%和1.4倍。

1.2.2 中国气候变化的影响

1.2.2.1 对不同领域的影响

(1)自然生态系统与生物多样性：气候变化对自然生态系统的分布、生产力和服务功能等形成可辨识的影响，并可能造成物种减少、栖息地退化等危害。东北多年冻土区伴随着气温的显著升高和降水量减少，植被覆盖显著下降[3]；北方农牧交错带植被净初级生产力下降[4-5]，而新疆、青藏地区净初级生产力则呈增长趋势[6]；内蒙古中部大部分地区的植被在总体上保持基本稳定，少部分地区的植被覆盖得到了明显改善，极少部分地区仍存在较强的植被退化或土地沙化趋势[7-8]。气候变化对自然生态系统的影响还包括：树种分布变化、林线上升、物候期变化、生产力和碳吸收增加，以及林火和病虫害加剧等[9-13]。

气候变化使得物种丰富度和多样性改变，使一些物种在原栖息地消失[14-15]，如与20世纪中期相比，青藏高原东部青海湖地区豆雁、灰头鸫、白头鹞、鹌鹑和文须雀等26种鸟从湖区消失。此外，气候变化还可导致有害生物分布范围改变，危害加剧，并引起物种栖息地退化[16-18]。

(2)自然资源（水资源、能源等）：气候变化导致不同区域的降水变化趋势不同。总体上，西部地区降水量增加趋势明显，华北、东北大部分地区降水减少，南方地区降水量有所增加[19]。海河、黄河、辽河等北方河流的实测径流量减少较为明显。

由于气候的变化，人们生产生活对能源的需求发生变化，北方地区冬季增暖明显，采暖日数减少[20]；夏季高温则对空调技术、建筑物结构、隔热水平提出新的要求[21]。同时，减缓气候变化需要减少对传统化石能源的依赖，加大新能源、可再生能源的比例，对能源供应结构形成影响[22]。

(3)第一产业(农业)：气候变化导致的农业气候资源变化对农业生产影响有利有弊[23]。在西北干旱区，一方面，干旱区热量资源得以改善，作物生育期延长，天然植被气候生产力显著增加；另一方面，干旱区热害与冷害等极端气温事件增加，光照资源显著减少，水资源严重缺乏和分布不均，这造成了农业生产的不稳定性增加[24]。东北地区热量资源持续增加，使得作物种植结构发生较大变化[25]。由于气候变暖造成了全国种植制度界限不同程度北移，以及冬小麦和双季稻种植北界北移，熟制的变化可能使种植制度界限变化区域的粮食单产增加。然而降水量的减少造成了雨养条件下冬小麦—夏玉米稳产北界向东南方向移动[26]。1980—2008 年气候总体变化趋势，包括气温、降水、太阳辐射等，分别导致小麦、玉米和大豆产量降低了 1.27%、1.73%和 0.41%，而水稻增加了 0.56%。其间受气候变化影响最敏感的区域和作物是中国北部和东北部干旱和半干旱区的玉米和小麦，在气候变化直接影响和间接影响(气候增暖引起干旱加剧)的综合作用下，该区玉米和小麦生产已受到较大负影响[27-28]。

(4)第二、三产业(工业、建筑业、旅游业)：气候变化对工业的直接影响相对较小，但气候变化通过其对农业和自然资源的影响而间接地对第二、三产业产生一定的影响。从生产来看,气候变化通过影响农业生产而使农产品生产和价格发生变化,从而影响那些以农产品为原料的工业部门的生产[29];气候变化也可通过影响能源和水土资源的可获得性或交通运输成本而影响工业生产的布局和决策。从需求来看,气候变暖会增加对空调、冷饮和啤酒等工业产品的需求,促进其扩大生产规模[30]。

相对于工业生产,建筑业和旅游业受气候变化(尤其是极端天气气候事件)的影响会较大一些。气候变化将促使暴雨等极端天气出现的频率和强度增加,从而直接威胁建筑工程的施工进度和安全水平,也对建筑物的安全性、适用性和耐久性提出了新的要求[31-32]。气候变化会引发环境景观与生物物种多样性的调整,毁坏当地的自然特色和人文旅游资源,从而影响旅游业的发展。同时,气候变化导致极端天气会致使地区交通停滞甚至瘫痪,气温和湿度等在短期发生骤变会影响旅游人数和逗留时间,从而影响旅游业的收益[33-34]。

(5)社会系统(城市、公共健康、重大工程):气候变化导致的极端事件增加、水资源短缺等问题可能较大影响社会民生发展。随着极端降水频率的增加,城市内涝频发[35];气候变化引起的高温热浪等极端天气不仅直接影响人体健康[36-37],同时也会使传染性疾病的患病风险增加[38-40];气候变化对若干气候敏感性极高的重大工程具有重要影响[41-46],包括沿海核电工程、三峡工程、南水北调工程、山地灾害防护工程、寒区公路铁路工程、沙漠化防治与水土保持工程、内陆河流域综合治理工程等。

(6)自然灾害:在气候变化影响下,大部分地区极端天气气候事件的频次与强度显著增加[19,47-48],包括极端干旱、洪涝、冰雪冷冻、高温热浪等。年均极端高温的次数上升，而年均极端低温的次数有所减少；华北与东北部分地区干旱化有加剧的趋势；长江中下游、西南部分地区洪涝灾害频次与强度显著增加。

1.2.2.2 对不同区域的影响

华北地区总体暖干化趋势明显，水资源紧张态势加剧，气候变暖导致的热量增加也影响该区的农业产量及布局[49-51]；东北地区最明显特征是热量资源增加，然而东北西部地区干旱趋势同时加重，农作物由于积温增加，种植面积扩大[52-53]；华东地区受到的最显著影响为气温升高导致的高温热浪对人体的影响[54]，以及日趋加重的洪涝灾害；华中地区近年洪涝灾害加剧，湿地面积减少，且部分虫媒疾病传播范围扩大（如血吸虫、钉螺）[55-56]；华南地区热带气旋个数减少、强度增加，而且海平面上升明显，进而导致红树林和珊瑚礁生态系统退化严重[57-59]；西南地区大部分区域增暖，而四川盆地的气温存在明显的下降趋势，干旱、洪涝灾害频次增多，程度加重，山地灾害呈频发趋势，同时西南地区生物多样性减少、生态系统退化、岩溶石漠化加剧[60-64]；西北地区的影响主要表现在冰川退缩，降水总体增加，农业产量有所增加[65-66]。

1.2.3 中国未来气温和降水变化预估

相对于1986—2005年气候平均值，未来中国区域平均温度将持续上升。不同温室气体排放情景下，2030年前增温幅度、变化趋势差异较小，2030年以后不同情景表现出不同的变化特征。

2011—2100年中国区域平均增温趋势区间为每十年

0.08～0.61℃。低排放 RCP2.6 情景下，2050 年以前温度持续上升，2050 年以后温度增加趋势不明显，表现出一定的下降趋势；中等排放 RCP4.5 情景下，2070 年以前温度持续上升，2070 年以后温度增加趋势变缓慢；高排放 RCP8.5 情景下温度将持续上升，增温幅度在 21 世纪末达到 5.0℃以上(图 1.7)[67-72]。

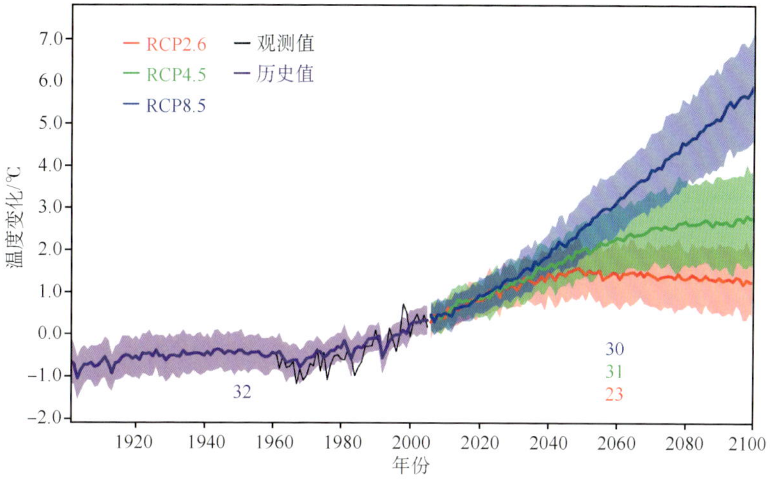

图 1.7 相对于 1986—2005 年各种排放情景下预估的中国温度变化图

各种排放情景下中国区域平均年降水将持续增加，2060 年前增加幅度、变化趋势差异较小，2060 年以后不同排放情景表现出不同的变化特征(图 1.8)。2011—2100 年增加趋势区间为每十年 0.6%～1.6%。空间分布上北方的降水总量增加幅度大于南方。

未来中国极端高温事件可能更为频繁，强降水事件可能增多，台风和强对流天气可能更强。

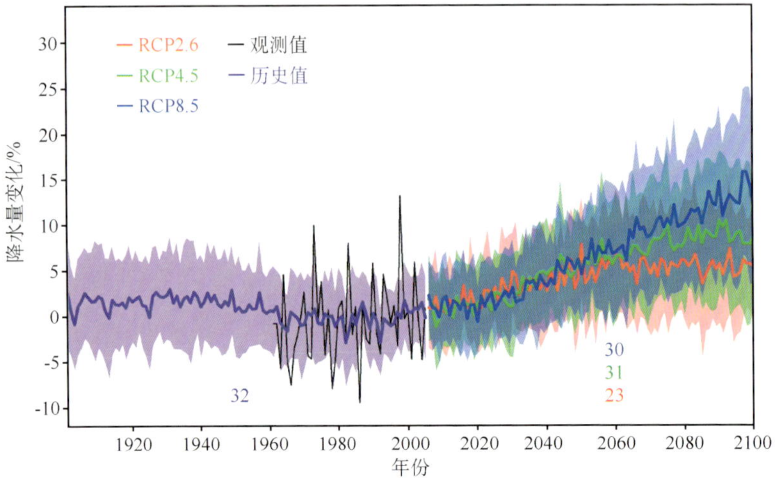

图 1.8　相对于 1986—2005 年各种排放情景下预估的中国降水变化图

1.3　山西省的气候变化

1.3.1　气温呈明显上升趋势

近 50 年来，山西年平均气温变化趋势与全球及中国气温变化总趋势一致，并位于中国增暖趋势显著的区域。变暖速率为 0.25℃/10a（图 1.9）。

山西省各站极端最高气温变化趋势基本一致（图 1.10），大多为上升趋势，速率为0.29℃/10a；极端最低气温也均呈上升趋势（图 1.11），上升速率为 0.33℃/10a，大于极端最高气温的上升速率。

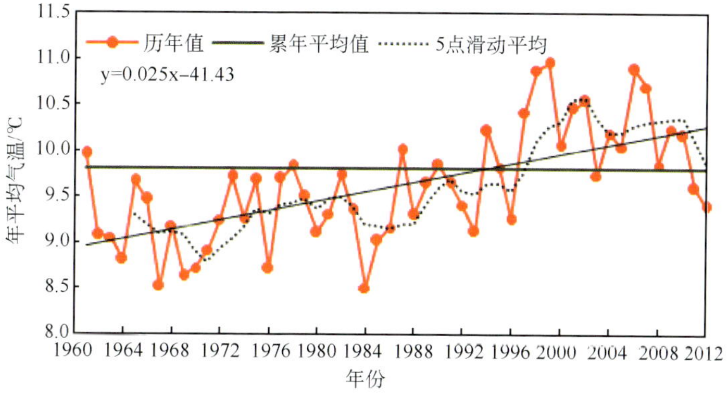

图 1.9　1961—2012 年山西省年平均气温变化曲线图

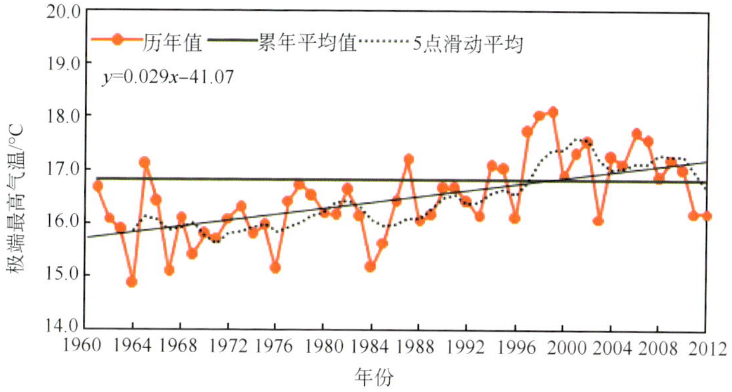

图 1.10　1961—2012 年山西省极端最高气温变化曲线图

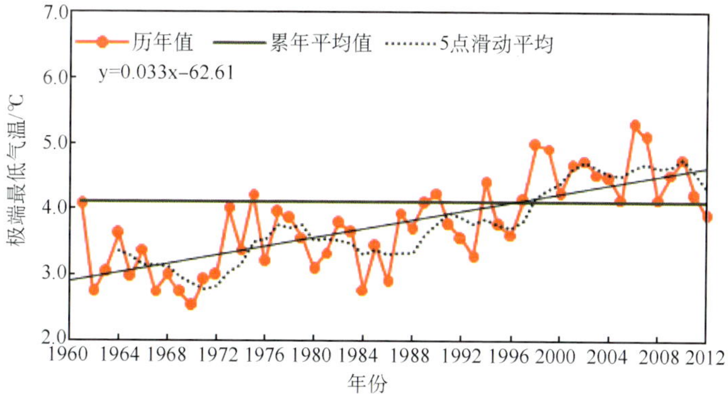

图 1.11　1961—2012 年山西省极端最低气温变化曲线图

1.3.2 降水量总体呈下降趋势

近 50 年来山西省年降水量总体呈下降趋势，年降水量下降速率为 14.3 mm/10a。从曲线波动变化来看，20 世纪 60 年代至 80 年代减少趋势较为明显，之后 80 年代至 90 年代后期为变化相对平缓时期，90 年代后期至今降水出现增加的趋势（图 1.12），2001—2012 年较 1991—2000 年的降水增加 32.2 mm（图 1.13）。

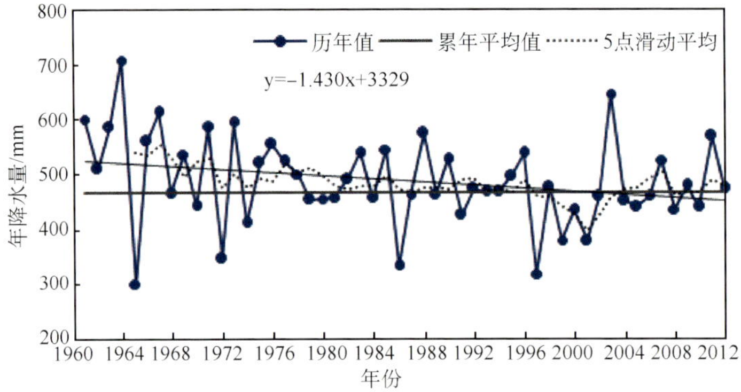

图 1.12 1961—2012 年山西省年降水量变化曲线图

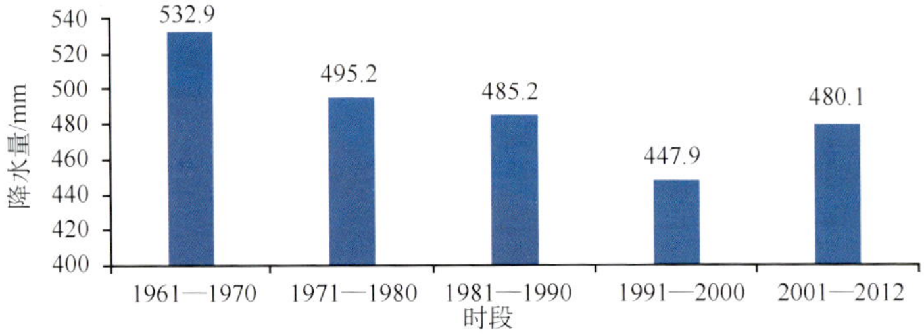

图 1.13 1961—2012 年山西省年降水量的年代际变化柱形图

山西省夏季降水量与年降水量变化趋势基本一致，总体呈下降趋势，下降速率为6.42 mm/10a，但由图 1.14 可以看出从 2008 年至今呈持续明显的上升趋势。

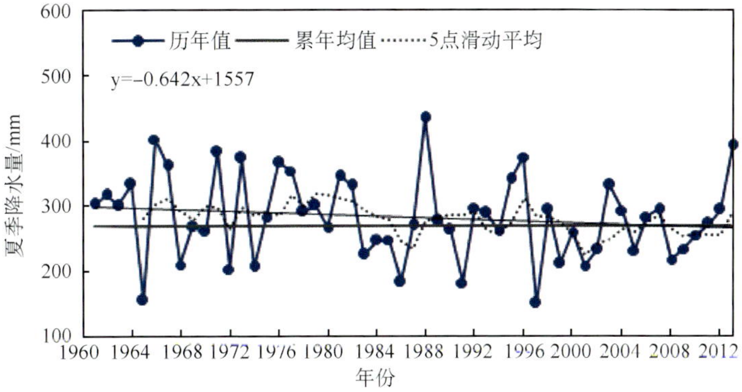

图 1.14 1961—2013 年山西省夏季(6—8 月)降水量变化曲线图

从中国夏季雨带移动图(图 1.15)可以看出,20 世纪 50 年来以来,中国夏季主雨带也呈现一定的年代际变化规律,90 年代以来,夏季雨带有北移的倾向,近年来夏季降水量呈"北多南少"格局,目前山西省位于雨带北移后的多雨区(图中的蓝色调表示多雨区,桔黄色表示少雨区)。这与山西省降水量变化趋势尤其是夏季降水量的变化趋势基本吻合。

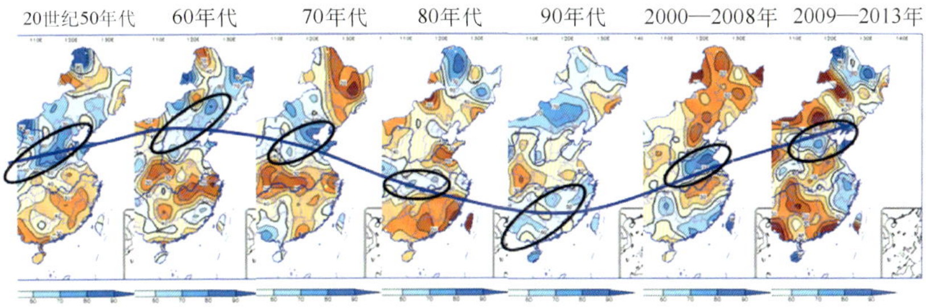

图 1.15 20 世纪 50 年代至 2013 年中国夏季主雨带位置的年代际变化图

1.3.3 山西省未来气候变化的情景

预计 2006—2100 年山西省区域平均的年平均降水将增加。RCP2.6 情景下降水量增加幅度最小,21 世纪后半叶表现出一定的下降趋势;RCP4.5 情景下降水量增加速率为 1.4%/10a;RCP8.5 情景下降水增加最大(图 1.16)。就空间分布而言，区域中降水增加数值从西南向东北递增。虽然降水量比现在略有增加，但由于社会经济发展导致的需水量迅速增长，水资源紧缺状态还将加剧。

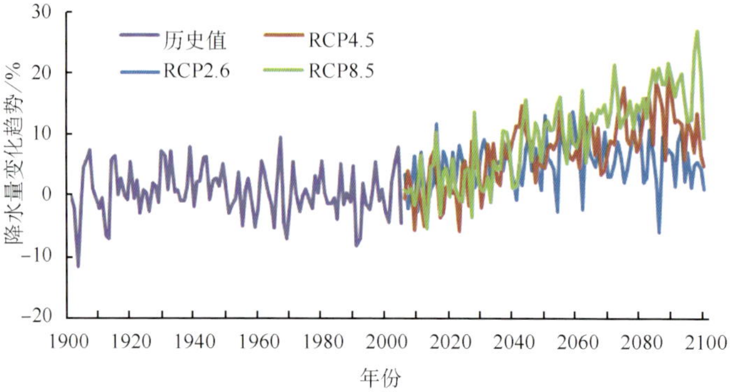

图 1.16　山西省年平均降水量变化趋势图

2006—2100 年山西省区域平均的年平均气温将上升。2040 年前各个排放情景下增温幅度、变化趋势差异较小；2040 年后 RCP2.6 情景下气温表现出一定的下降趋势，RCP4.5 情景下气温增加趋势变缓，RCP8.5 情景下气温持续上升，2100 年区域增温达 5.6℃。总体而言，全省北部地区增温幅度大于南部地区（图 1.17）。

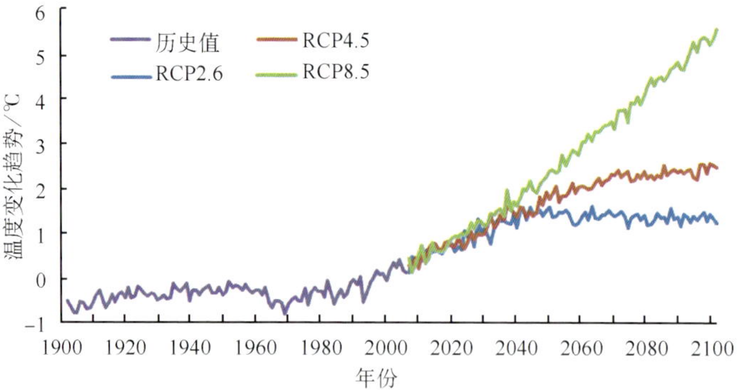

图 1.17　山西省平均气温变化趋势图

2006—2100 年山西省区域平均的最高、最低气温变化及其各个时期的空间分布表现出和平均气温相似的特征。

未来如气温升高过快，有可能超出人类适应气候变化的现有科技水平，不利影响将更加突出并明显超过有利因素，给山西省的生态环境和社会经济发展带来严重的后果。

1.3.4 山西省未来社会经济发展情景

山西省在过去 20 多年中地区生产总值按照 1990 年不变价年平均增速在 10%以上，其中"十一五"期间共增长 70%多（图 1.18），产业结构调整迈出新步伐，生态环境质量和安全生产形势有所好转，人民生活水平提高较快。但仍存在产业结构单一化、初级化、重型化，经济发展方式比较粗放，城乡区域发展不协调，城乡居民收入水平不高，人口迅速老龄化，生态环境仍较脆弱等问题。"十二五"期间将加快转变经济发展方式，推进国家资源型经济转型综合配套改革试验区建设，大力推进工业新型化、农业现代化、市域城镇化、城乡生态化，主要经济指标翻番，实现转型跨越发展。"十二五"规划目标基本

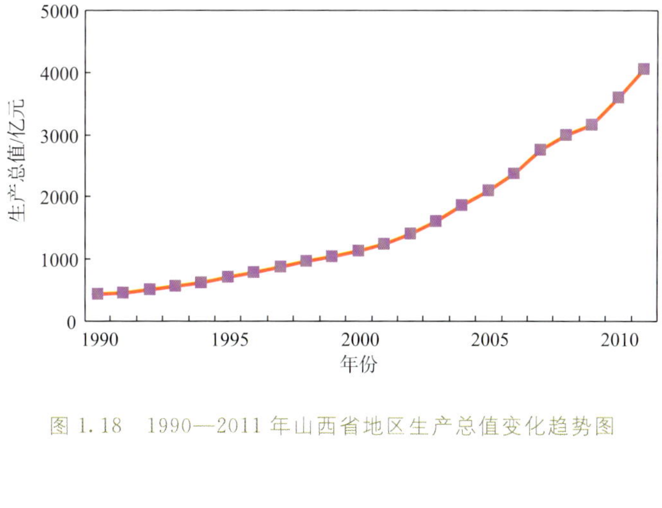

图 1.18 1990—2011 年山西省地区生产总值变化趋势图

实现后，山西省在人均GDP、人均收入、产业结构、人口城镇化水平等方面有望达到或接近全国平均水平，但与发达地区相比仍有较大差距。

经济的快速发展，一方面可增强全社会对气候变化的适应能力；另一方面，生活水平、消费水平和人口城镇化水平的提高也会增大对资源与环境的压力。

第2章

气候变化对山西省的影响

山西省以暖干化为主要特征的气候变化改变了气候资源的时空格局与生态环境，对经济、社会发展产生了深刻影响，尤其是暴露性强和与气候环境关系密切的产业；对人体健康和居民生活也有很大的潜在影响。

2.1 对农业的影响

农业是山西省的基础性产业，目前仍是就业人数最多的产业。由于主要在露天生产和以生物为生产对象，农业是对于气候变化最为敏感和相对脆弱的产业。气候变化对山西省农业的影响有利有弊，有利影响主要是热量增加和二氧化碳浓度增高提高了作物生产潜力，不利影响主要是降水减少导致水资源更加紧缺和极端天气、气候事件频发。

2.1.1 对农业气候资源的影响

农业气候资源是指对农业生产有利的气候要素值及其组合，主要包括光能资源、热量资源和水分资源，广义的农业气候资源还包括风能和二氧化碳。

2.1.1.1 热量资源增加

(1)无霜期延长

近 50 年来初霜日以 2.2 d/10a 的速率明显推后，无霜期以 4.0 d/10a 的速率明显延长，终霜日呈现波动提前趋势。初霜日显著推后的区域集中在晋中东部、吕梁北部和忻州西部，并分散在运城南部、临汾西北部和大同南部。以河曲为代表站的西北部和以临猗为代表站的南部小片区域初霜日提前[73]。

(2)积温持续增加

日平均气温稳定通过 0℃ 和 10℃ 的活动积温显著增加[74]。近 50 多年来，山西省日平均气温稳定通过 0℃和 10℃的初日呈提前趋势，终日呈略推迟趋势，初、终日期间持续日数增多，有效积温呈增多趋势。从年代际变化来看：20 世纪 60 年代到 21 世纪初，日平均气温大于等于 0℃积温增加了 187℃ · d；日平均气温大于等于 10℃积温增加了 182℃ · d(图 2.1～2.2)。

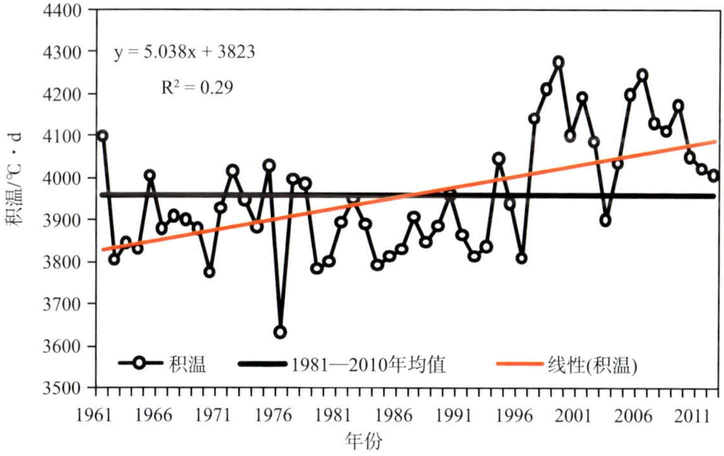

图 2.1　1961—2012 年山西省日平均气温大于等于 0℃期间积温变化曲线图

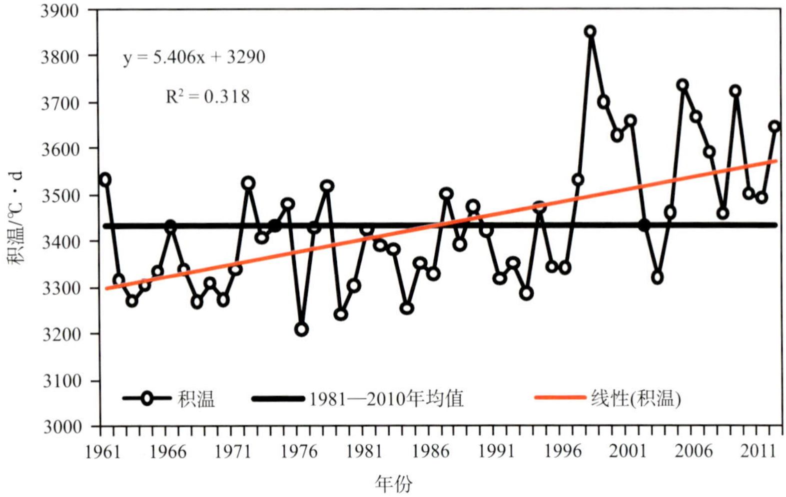

图 2.2　1961—2012 年山西省日平均气温大于等于 10℃期间积温变化曲线图

2.1.1.2　水分资源日益紧缺

由于 20 世纪后半叶山西省年降水量和夏季降水量持续下降(图 1.12 和图 1.14),水资源总量不断减少,受旱面积不断加大。虽然进入 21 世纪以来年降水量有所回升,但仍低于 20 世纪 60 年代到 80 年代的水平。近些年通过水利建设与农田基本建设,灌溉面积有所扩大,灌溉用水有所增加,但很难再继续增加。作物生长季的延长和对农产品需求量的日益增加,将导致农业需水量的增加。但随着农村人口的城市化,城镇公共用水、居民生活用水呈迅速增长势头,必将不断挤占农业用水。现有水资源数量很难满足农业用水的需求。

气候变化对作物水分平衡也有其有利的一面。二氧化碳浓度的增高使植物叶片的气孔开度变小,在吸收同等数量二氧化碳的同时可以减少水汽的蒸腾消耗,从而提高作物对水分的利用效率。虽然气温升高具有加大土壤蒸发与植被蒸腾的效应,但太阳辐射和风速的减弱又起到了抑制蒸发和蒸腾的作用。大多数气象站和水文站观测到的水面蒸发量下降也证明了这一趋势。但这些有利因素远不能抵消农业水资源日益紧缺的影响。

2.1.1.3 对其他农业气候资源的影响

过去几十年全省年太阳辐射量总体呈下降趋势，对作物光合生产潜力起到一定削减作用。但由于目前的产量水平与光合生产潜力的差距很大，影响作物生产效率的主要因素仍是水分、养分和温度条件等，太阳辐射减弱对作物产量的影响尚不明显。但如未来进一步削弱，则可能产生较大影响。

风速的减弱使得大风灾害有所减轻，但在作物开花期持续无风将不利于授粉，尤其是在阴雨天。

全球大气平均二氧化碳浓度已从 20 世纪 60 年代的 320 ppmv①左右增加到 2013 年的接近 400 ppmv。山西省由于以能源和重化工业为主导产业，二氧化碳浓度要高于全球和全国平均。大气二氧化碳浓度增高具有促进光合作用的“施肥效应”，在一定程度上补偿了太阳辐射减弱对光合作用的不利影响。二氧化碳浓度增高还提高了作物的水分利用效率。由于 C_3 类植物对于二氧化碳浓度的变化更为敏感，对小麦、棉花、大豆等作物的增产更加有利。

在气候变暖的背景下，最高气温的升高速度没有最低气温快，导致气温日较差变小，呼吸消耗增大，不利于养分积累。

① 1 ppmv=2 mg/m^3，下同。

2.1.2 对农作物物候和种植制度的影响

2.1.2.1 对物候变化的影响

对山西省冬小麦的发育期资料统计分析表明[75]:生育期间平均需要日平均气温大于等于0℃积温平均约2150℃·d,日平均气温大于等于10℃积温大约为1720℃·d,降水量最少为170 mm左右,日照为1650 h。选取汾阳、介休和运城3个代表站点发育期详细分析,结果表明:山西省冬小麦播种期总体呈推后趋势,尤其在1980年代后期到1990年代,播种日期大约推迟一周(图2.3)。这是由于秋季变暖后,冬前生长期延长,按照原播种期,麦苗冬前生长过旺,不利于安全越冬,即使不冻死,由于叶片大部冻枯养分消耗过多也不利于返青后的生长。中部地区越冬期有所推后,南部地区相对比较稳定;返青和拔节日期都有提前趋势,尤其中部地区较明显,提前约一旬;之后各发育期也均呈提前趋势。

气候变暖虽然导致冬小麦全生育期的缩短,但由于冬半年变暖程度明显大于夏半年,许多地区的越冬休眠期缩短往往超过全生育期的缩短,使得冬小麦的有效生长期反而延长,有利于增产。

对山西省植物物候的观测表明,近20年来各类植物的春季物候期提前,秋季物候期推迟,生长季延长。如温度每上升1℃,小叶杨展叶始期提前3.1 d[76]。

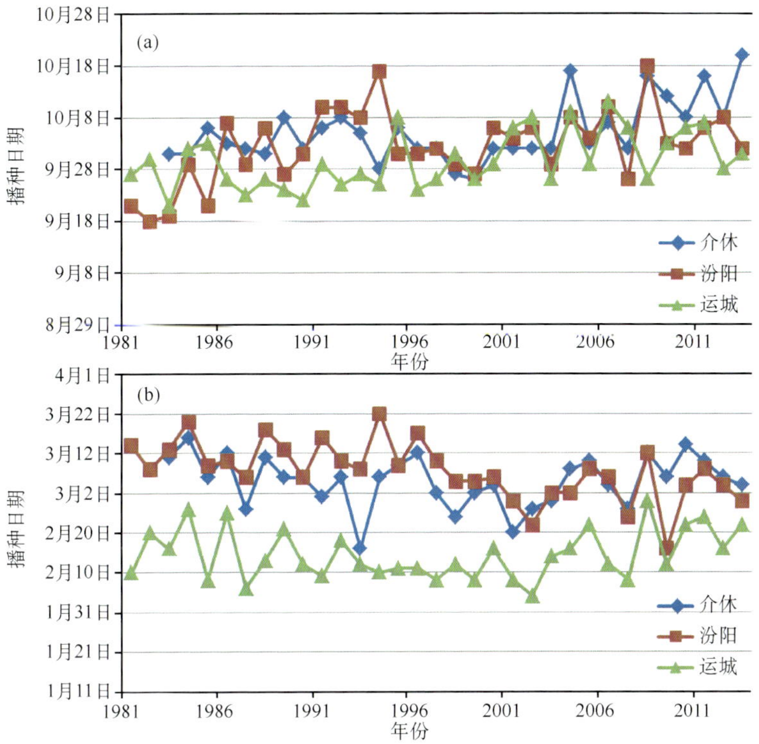

图 2.3　1981—2013 年汾阳、介休、运城冬小麦播种(a)、返青(b)日期变化曲线图

2.1.2.2　对种植制度的影响

受热量资源分布的影响，山西省各地农作物种植制度的差异明显。位于南部的运城市，气温较高、无霜期较长，主要种植冬小麦、复播夏玉米或大豆等，实行一年两熟制；中南部的临汾市、东南部以及中部的太原盆地，主要实行两年三熟制，即玉米成熟后播种冬小麦，麦收后复播生长期较短的豆类、蔬菜或者种植一年一熟的大秋作物如玉米、高粱等；中部山区以及北部主要种植大秋作物，为一年一熟；北部高寒地区主要种植喜凉的马铃薯或莜麦、荞麦等小杂粮。

热量增加有利于适度提高复种指数，但由于水资源不足，迫使小麦面积压缩，又缺乏其他合适的越冬作物，近 20 多年来山西省的复种指数变化不大，只是在小麦向北扩种的平原地区略有提高。

2.1.2.3 对作物、品种布局和产量的影响

（1）对作物布局和种植结构的影响

气候变暖为冬小麦种植区域适度北扩提供了可能。目前在兴县、娄烦、阳曲、宁武、代县、定襄一线以南地区在气候上已能保证冬小麦安全越冬，在经济上适当复种冬小麦也是可行的；但北部大部地区的热量条件仍不能完全满足，仍需实行一年一熟制。

由于水资源日益紧缺，全省小麦播种面积由1978年的历史最高水平1.1×10^6 hm^2下降到2011年的7.1×10^5 hm^2，但2005年以后由于加强水利建设，灌溉面积略有增加，小麦播种面积基本稳定。

随着气候变暖和特早熟玉米品种的育成，过去以种植春小麦、莜麦和马铃薯为主的北部地区玉米种植面积大幅度增加，除左云、右玉、宁武等海拔很高的少数县，玉米在绝大多数县已成为播种面积最大的粮食作物，如2011年玉米播种面积占全部粮食作物播种面积的比重，在大同市为57.36%，朔州市为37.1%。由于玉米对热量资源的改善比较敏感和水分利用效率较高，在气候暖干化的背景下，山西省玉米播种面积迅速增加。1965年到1990年一直在7×10^5 hm^2上下波动，到2011年增长到1.647×10^6 hm^2，稳居第一大作物（图2.4）。

除马铃薯和豆类面积略有增加外，其他粮食作物由于相对低产，播种面积都在缩小。如由于严重缺水，水稻几乎绝迹；另外由于春季温度升高和春旱加剧，春小麦在北部地区现在已经很少种植。

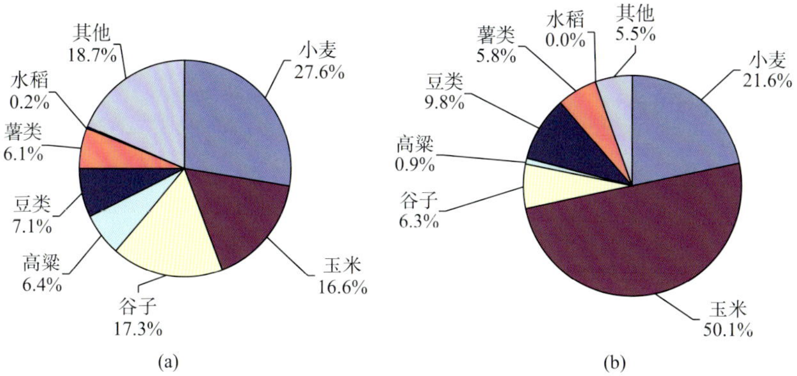

图 2.4 1965 年(a)到 2011 年(b)山西省粮食作物种植结构的变化分布图

气候变暖使棉花的病虫害明显加重，尤其是 20 世纪 90 年代前中期黄淮海棉区棉铃虫大发生，促使中国棉花主产区向新疆转移，在这一大背景下，山西省的棉花播种面积已下降到 1965 年历史最高水平的 20%。由于城镇人口的增加，蔬菜种植面积比 20 世纪 80 年代成倍增长，近十几年来立足提高单产，播种面积趋于稳定。油料和甜菜等经济作物的播种面积减少，粮食作物播种面积近十年回升，占总播种面积的比例增大[77]。

(2)对品种布局与产量的影响

随着秋冬季的变暖，小麦越冬冻害的威胁总体上有所减轻。由于冬性偏弱的品种较早开始穗分化，有利于形成大穗，各地为了挖掘增产潜力，普遍降低了对品种冬性的要求。中部偏南地区过去一直要求种植强冬性品种，现在也引入了一些冬性品种；南部地区由以冬性品种为主改为弱冬性品种。但如将品种的冬性过度削弱，仍会发生严重冻害。随着品种冬性的适度减弱，对冬前积温的要求也有所降低，这也是冬小麦播期普遍后延的原因之一。但目前山西省小麦单产仍低于全国平均。

在热量条件较好的中南部，普遍以中熟玉米品种替代早熟品种，以中晚熟品种替代中熟品种，增产效果显著。2011年全省玉米单产 5190 kg/hm^2，比 1965 年的 2059 kg/hm^2 增长 1.52 倍。

全省粮食产量在世纪之交由于一度放松粮食生产和连年大旱出现一个低谷，近十多年来由于农业技术水平的提高、政府重视粮食安全和降水量的逐步增加，全省粮食产量保持增长趋势（图 2.5）。但人均占有量到 2011 年仍比全国人均偏少近百千克，为缺粮省之一[77]。

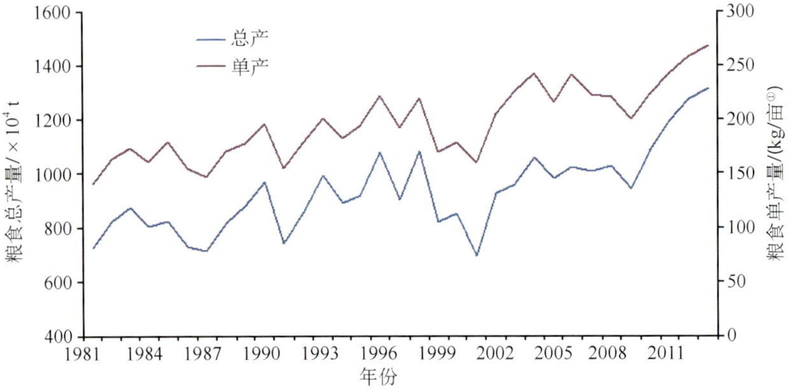

图 2.5　1981—2013 年山西省粮食产量变化曲线图

2.1.2.4　对农作物病虫草害的影响

近年来，山西省的暖冬趋势较为明显，尤其是极端最低气温升高。冬暖有利于农作物病虫源（菌）的越冬。全年气温的升高使病虫害的危害范围扩大，程度加剧，全年繁衍世代增加，春季发生提前，秋季危害延长，并使原来病虫害危害不重的温凉气候地区也明显加重。秋季变暖对麦区蚜虫、红蜘蛛、

① 1 亩≈666.67 m^2，下同。

草地螟等的繁殖和越冬十分有利。研究资料显示，2001年，大同市七棱山一带发现近$5.0\times10^4/hm^2$草地螟越冬，是山西省近年来发现最大的草地螟越冬栖息地[78]。暖冬使小麦、油菜等秋播作物的长势旺盛，有利于小麦纹枯病、油菜菌核病的发生危害和菌源积累。暖冬还有利于棉铃虫、甜菜夜蛾、草地螟等害虫的越冬存活。以草地螟为例，由于2002年1—3月全省气温比常年偏高1.7～2.4℃，越冬草地螟茧存活率达到65%～80%，明显高于往年。

冬季变暖也有利于锈病孢子的越冬，使近年来小麦锈病比20世纪60—80年代明显加重。过去只在长江流域发生的小麦赤霉病近年来在河南严重发生，尤其是2013年，危害区域已接近山西省西南部。

二氧化碳浓度增高对C_3植物的施肥效应要大于C_4植物，预计未来C_3类植物的杂草将加快繁殖和蔓延。气候变化和经济全球化还加剧了外来有害生物的入侵，新的病虫草害不断出现。

2.1.2.5 对畜牧养殖业的影响

气候变暖使畜牧业冬季冷应激减轻，但增加了夏季热应激的风险，尤其以奶牛对高温最为敏感。降水减少导致的草地退化不利于晋北草地畜牧业的发展，但冬季变暖使得寒冷掉膘问题有所减缓，但由于气候波动加剧，冬季白灾和黑灾仍时有发生。局地暴雨引发的山洪和泥石流常冲走牲畜。气候变暖还易引发疫病病原向北蔓延，候鸟春季迁飞提前和秋季延后也将改变禽流感的预防关键期。

水温升高和风速减弱使得水体溶解氧减少，在夏季炎热和阴雨天气更容易发生泛塘窒息死鱼事故。水资源的减少使淡水养鱼的水面萎缩。气候变化与化肥流失使水体富营养化加剧，也不利于淡水养殖业的发展。

2.1.2.6 农业气象灾害增多

随着全球变暖，气候波动加剧导致极端天气、气候事件增多。

（1）干旱仍是山西省最主要的农业自然灾害

干旱是山西省最主要的气象灾害，具有范围广、历时长、灾情重的特点。平均每年受旱面积要占到耕地面积的20%～25%，占到全部气象灾害受灾面积的2/3。统计资料显示，山西省单位耕地面积水资源量约为世界平均量的10%，为全国的13.5%[78]。1949—2000年期间有48年发生旱灾，是名副其实的“十年九旱”，其中严重干旱有10年。由于降水量和水资源量逐年代减少，气象干旱总体呈上升趋势。

21世纪头十年由于降水量回升，气象干旱面积有所减少，但受旱面积仍维持较高水平（图2.6）。如2007年，受气候条件影响，全省出现严重旱情，全年因干旱造成865.2万人次受灾，56.2万人次饮水困难，农作物受灾面积1.4338×10^6 hm^2，绝收8.3×10^4 hm^2，农业经济损失38.5亿元，直接经济损失43.1亿元，占山西省全年各类气象灾害总体损失的38%。

历史上干旱主要发生在春季。随着气候暖干化，春夏连旱和冬春连旱频繁发生，前者主要威胁玉米等春播作物，后者对冬小麦构成严重威胁。严重的春夏连旱年份，部分山区居民经常发生人畜饮水困难。

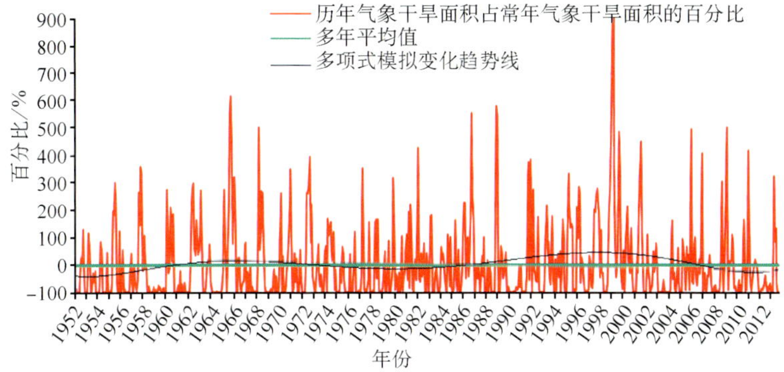

图 2.6　1952—2013 年山西省气象干旱面积与常年气象干旱面积的百分比

(2)冰雹

冰雹是山西省第二大气象灾害，平均每年发生面积占耕地面积的 4.5%，4—11 月都可发生，但 89.5% 发生在 5—9 月，北部多于南部，山区多于盆地，东部多于西部。

随着气候变暖，山西省与全国大部分地区一样，冰雹发生次数有所减少，但仍是山西省的主要灾害之一。

(3)洪涝

虽然山西省大部分地区属半干旱气候，南部属半湿润气候，干旱缺水是主要矛盾。但由于 60%以上的降水集中于汛期和地形复杂，经常发生局地暴雨，尤其是在山地的迎风坡易发生局地特大暴雨，并引发洪涝及其次生灾害滑坡和泥石流。其中 7—8 月出现的暴雨占到全年的 80%以上。与干旱相比，洪涝很少大面积连片发生，带有明显的局地性。但由于山区与盆地、河谷的高差大，一旦发生，所带来的冲击和破坏极大，损失严重。

随着气候的暖干化，20 世纪 80—90 年代的洪涝灾害有所减轻，但近十多年来随着降水量的回升，暴雨洪涝灾害又有所加重，如2012年7月下旬后期吕梁、运城等地发生严重暴雨洪涝，48万余人受灾。2013年7月上旬末中旬初暴雨洪涝造成阳泉、运城、大同等11市65县市84万人受灾。国家减灾委、民政部连续两年针对山西省的洪涝灾害紧急启动国家四级救灾应急响应，派出工作组赶赴灾区，查看灾情，协助开展救灾工作。

(4)低温灾害

山西省平均每年霜冻受灾面积占耕地面积的3.7%，仅次于干旱和冰雹。秋霜冻发生在9—10月，北部重于南部，山区重于平原，主要影响春播作物的灌浆和成熟。春霜冻发生在4—5月，以中南部盆地与河谷受灾较重。1953年和1954年4月的春霜冻曾造成中南部大面积小麦死苗。

随着气候变暖，冷害、冻害等其他低温灾害总体有所减轻，但霜冻灾害反而加重。原因是在气候变暖的同时，植物的物候也在同步改变，春季发育提前，秋季停止生长延后，以及气候的波动加剧和作物的脆弱性加大。如2006年4月，受西伯利亚强冷空气东移南下影响，在全省境内发生一次伴随寒潮和强降雪的低温冻害。全省24 h最低气温下降均在10.0℃以上，致使各地正值花期的各种果树和中南部已经拔节的冬小麦遭受了严重的低温冻害，造成直接经济损失达17.4亿元。2010年4月28日中南部下雪为历史上最晚，果树花朵、幼果和麦苗受冻严重。2013年4月18—19日的霜冻也使部分地区蔬菜、麦苗和正在开花的果树受冻。作物脆弱性增加的原因：一是随着气候变暖，农民改用抗寒性较低但产量与品质更好的品种；二是农民普遍将播种期或移栽期提前，有些作物的种植区存在过度北扩；三是作物在前期较温暖条件下生长，突遇降温，要比前期在较低温度下生长更不耐寒。

小麦与果树的越冬冻害一直是山西省的重大灾害。随着冬季变暖,总体上有所减轻,但近年来冬季冻害又有所回升。与历史上的越冬冻害相比,长寒型冻害减少,剧烈变温型和旱冻交加型增多。

由于作物生长季积温增加,冷害总体减轻。但有些农民改用生育期过长的品种,使得冷害仍时有发生。

(5)其他气象灾害

随着气候变化导致的风速减弱,大风灾害与沙尘暴总体呈减轻趋势。1999—2002 年的干旱期中沙尘灾害一度反弹,2003 年以后已显著减弱,但在北部地区仍是主要灾害之一。

干热风是小麦生产上的主要灾害之一,以临汾、运城盆地较重,平均每年发生 3～4 次,轻者减产 5%左右,重者减产 10%～20%。如 2007 年自 5 月中旬始,山西省麦区连续出现 35℃以上的高温天气,干热风偏重发生,造成冬小麦高温逼熟,千粒重降低,当年冬小麦总产 2.2015×10^{6} t,比上一年度减产 3.245×10^{5} t,比前 5 年平均减少了 1.753×10^{5} t。

随着南部地区降水量的回升和水肥条件的改善,干热风灾害有减轻趋势,但雨后枯熟导致小麦粒重下降仍是生产上的重大威胁。

2.1.2.7 对农业自身污染的影响

大量使用化肥、农药、农膜等化工产品使得农业源污染物排放迅速增加,不但导致土壤生产力的下降,在许多地方还已经成为水体污染的主要原因。气候变暖将加速化肥的挥发和淋溶损失,从而加剧水体和地下水的富营养化。气温升高还会加快农膜的老化。

气候变化对化肥、农药使用产生影响。肥效对环境温度的变化十分敏感，尤其是氮肥，温度增高1℃，能被植物直接吸收利用的速效氮释放量将增加约4%，释放期将缩短3.6天，要想保持原有肥效，每次的施肥量将增加4%左右。

2.2 对水资源的影响

2.2.1 对水资源总量的影响

山西省共有大小河流1000余条，分属黄河、海河两大水系。其中，中国第二大河流黄河，沿山西省境界流程968 km。境内流域面积大于10000 km^2的河流有5条(不包括黄河)，小于10000 km^2且大于1000 km^2的河流有48条，小于1000 km^2且大于100 km^2的河流有397条。汾河是山西省境内第一大河，干流全长694 km。虽然河流较多，但以季节性河流为主，水量变化的季节性差异大。山西省的主要水资源量由地表水资源和地下水资源组成，水资源的主要补给来源是当地降水。由于降水量分布不均及水文下垫面条件的差异，在地域上水资源分布极不均匀，总的趋势是由东南向西北递减。山西省是中国水资源贫乏省份之一，1956—2000年全省多年平均水资源总量为1.238×10^{10} m^3，其中，河川径流量为8.677×10^9 m^3，地下天然水资源量(即降水入渗补给量)为8.404×10^9 m^3，河川基流量(重复量)为4.701×10^9 m^3[79]；2001—2010年年均水资源总量为9.165×10^9 m^3，按照2011年人口3593万计，人均占有量为255 m^3，仅为全国人均的1/8，比以色列和沙特阿拉伯的人均占有量还要少[80]。

气候暖干化加剧了山西省的水资源匮乏。虽然进入21世纪以来降水量有所回升，但由于长期干旱造成的累积效应和上游地区降水减少和用水量增加，山西省的水资源总量仍继续减少(图 2.7)。考虑到人口增长因素，人均水资源占有量的减少更为突出。

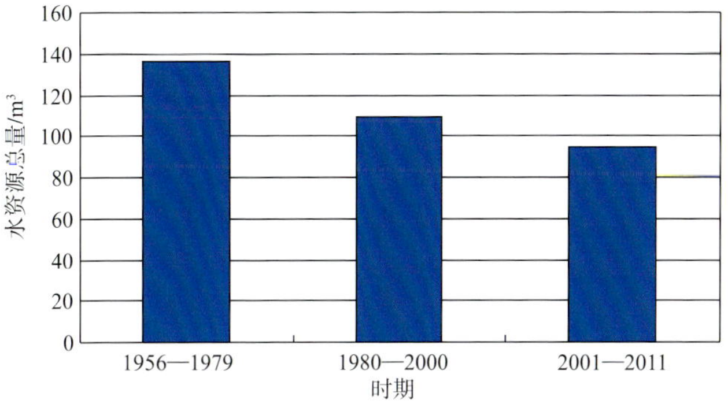

图 2.7 1956—2011 年山西省人均水资源总量的变化柱形图

2.2.2 对河川径流量的影响

山西省水资源总量的减少首先是由于来自河川径流的减小。1980—2000 年间天然径流量与 1979 年前的平均水平相比，以每年 1.60%的速度减少。其中气候变化的影响为每年减少 0.63%。

利用山西省有完整资料的 50 个水文站资料，定量分析了气候变化和人类活动对下垫面变化两方面因素各自的影响程度，间接通过河川径流总的变化量减去下垫面变化的影响而得到气候变化的影响，结果表明，按照各站面积加权统计后，得到山西省 1980—2000 年间天然水量比计算水量平均每年递减 0.97%。按照以上分析，这个值就是山西省下垫面在人类活动的影响下对径流的定量影响。以河川径流总减少量 1.60%/a 减去人类活动的影响 0.97%/a，差值即气候变化的影响，气候变化与人类活动对径流影响分别占到 39.3%和 60.7%[81]。

2.2.3 对用水量的影响

气候变化与人类活动不但导致全省水资源总量的减少，而且还导致了用水量的增加。

虽然由于风速与太阳辐射减弱的效应超过增温的效应，使得气象站和水文站实测的水面蒸发量呈下降趋势，但随着植物生长季的延长，农作物和天然植被的需水量仍在增加。气温升高使得工业冷却用水量增加，气候变暖和生活水平的提高使得城市居民生活用水量明显增大。用水量增加的人为原因还有煤矿开采对地下水资源的破坏、农村人口的加速城镇化和部分地区对水资源的掠夺性开采。

山西省年均开采地下水 3.87×10^9 m^3，占到总供水量的58.2%，晋中和晋南的一些盆地超采严重，已出现大面积的地下水漏斗。

从图 2.8 可以看出，近年来山西省总用水量迅速增长，2001—2011 年占到水资源量的 62%，按照增长势头，将很快突破理论上的水资源最大可利用率 67.7%。各项用水中，只有工业用水比历史最高水平有所下降，其他各项用水都在增长。生态用水增长较少，到 2011 年仍只占 4.6%。灌溉用水占到总用水量的比重从 2001 年的 60%下降到 2011 年的51%，但灌溉水量仍有所增加[80]。

近年来山西省总供水量增加并非来自本地水资源，而是来自万家寨水库的分水。由于青海高原近年来降水量增加和冰雪消融加快，黄河上游径流量增大，使万家寨水库给山西分水提供了可能。未来如高原冰雪量大幅度减少，上游来水量恢复常态或进入枯水期，山西省的境外来水将被大幅度削减。

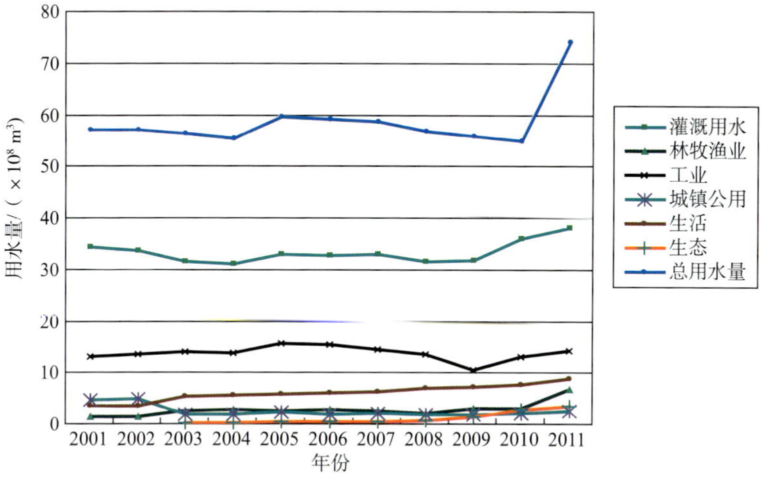

图 2.8　2001—2011 年山西省各业用水量与总用水量的年际变化曲线图

2.3　对能源的影响

2.3.1　能源消费显著增加

随着经济发展，农村人口城镇化和人民生活水平的提高，山西省能源消费总量呈逐年上升趋势（图 2.9），终端能源消费亦呈逐年上升趋势（图 2.10），而终端能源消费仍以煤炭为主[77]。

气候变化对能源需求的影响突出表现在由于夏季高温天数增加，使供电负荷增大。据电力部门 2000—2003 年 3—11 月城乡居民生活用电资料统计分析，高值期集中在 7、8、9 月，其中以 8 月最大。由于夏季气温的升高，炎热天气空调制冷负荷猛增，山西省不得不采取拉闸限电措施，空调负荷高峰加剧了夏季气候变化对电力供需平衡的影响。生活能源需求对气候变化敏感性的不断增加，也使得两者的相关关系越来越密切。与此同时，工业冷却耗电也在增加。

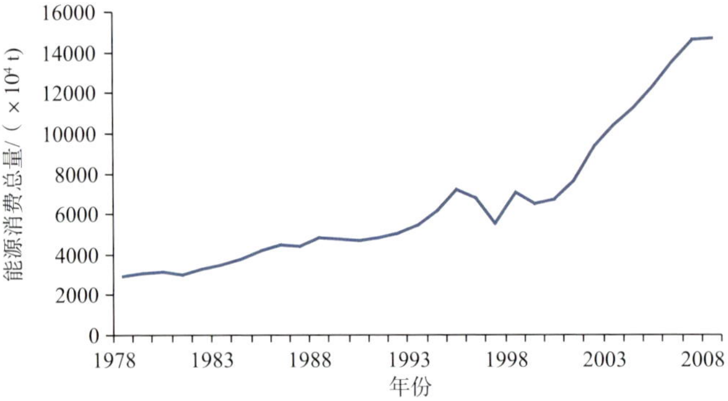

图 2.9　1978—2009 年山西省能源消费总量的年际变化曲线图

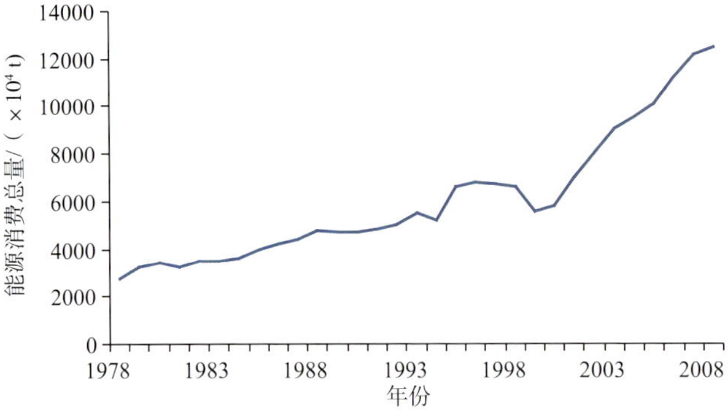

图 2.10　1978—2009 年山西省终端能源消费量的年际变化曲线图

2.3.2　采暖度日数明显减少

度日数是一个能够反映供暖和制冷所需能源的时间温度指数，被广泛用在气候变化和建筑能源需求的研究应用领域。研究者利用度日方法分析气候变化对冬季采暖能耗以及电力消耗的影响，气候变暖会造成制冷度日数明显增加、采暖度日数减少(图 2.11)[82]。但由于中国目前冬季供暖期以日平均气温低于 5℃为标准，明显低于国际标准。随着人民生活水平的提高，对初冬和早春的供暖需求也会增加，加上城镇人口的不断增加，供暖耗能总量在短期内仍会继续增长。

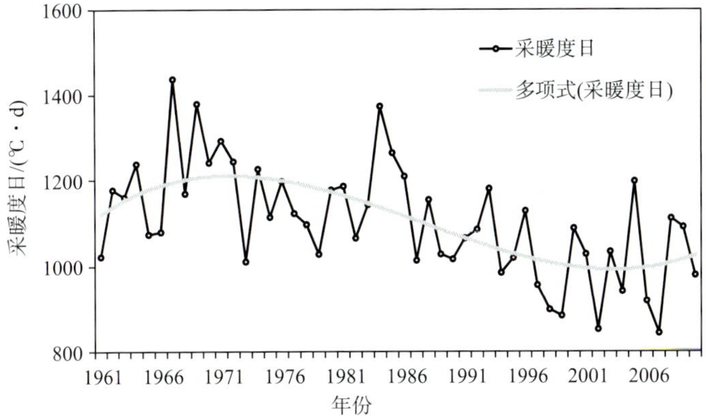

图 2.11　1961—2009 年山西省采暖度日的年际变化曲线图

2.3.3　制冷度日数呈上升趋势

自 1961 年以来，制冷度日呈现出先减少后增加的趋势（图 2.12）。由于 20 世纪 70 年代到 80 年代中期的夏季温度明显偏低，60 年代到 70 年代制冷度日呈减少趋势，1984 年达历年最低值。90 年代开始随着夏季气温升高和城市居民消费水平提高，呈显著增加趋势，特别是 21 世纪的头几年增加趋势明显，以 2005 年夏季制冷度日数最多[82]。

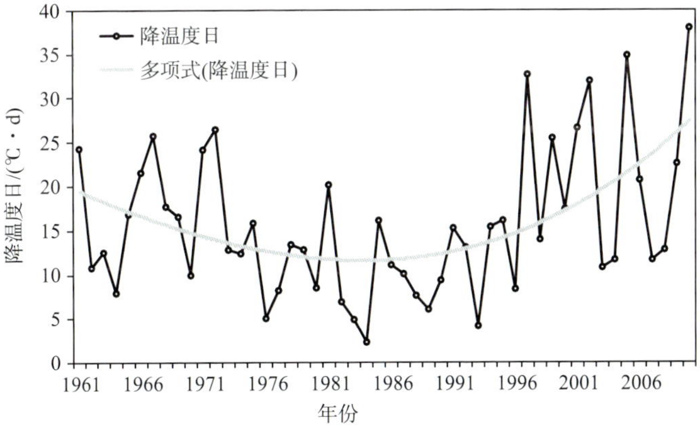

图 2.12　1961—2009 年山西省制冷度日的年际变化曲线图

2.3.4 气候变化对煤矿事故的影响

煤炭是山西省的主导工业产业，虽然过去一段时期掠夺式开发和安全管理不到位是煤矿事故频繁发生的主要原因，但气候变化也加剧了煤矿事故的发生。近年来频繁发生的由局地暴雨引发的山洪、滑坡、泥石流等山地灾害经常造成矿井被淹被埋。气温升高也使得瓦斯爆炸、煤炭自燃等事故更容易发生。根据晋城市煤矿事故20世纪90年代到21世纪初十年的统计，瓦斯爆炸事故发生的高峰期是7、8月，次高峰在4月和10月，与气候的季节变化有着密切的关系。

盛夏是全年气温最高和气压最低的季节，在外界气压低的天气，井下瓦斯大量涌出，严重威胁矿工的生命安全，有时不得不停产排气。据统计，晋城市煤矿瓦斯爆炸事故死亡人数发生在7、8两月的占到全年的30.7%。冬季由于境外气温低于井下且气压较高，自然风容易进入井下，是全年瓦斯事故的低谷期。春秋两季的4月和10月，由于井外与井下的气温相近，自然风压变小，自然风趋于停滞，井下瓦斯不易排出，为瓦斯爆炸事故的次高峰，4月和10月分别占瓦斯爆炸事故死亡人数的12.55%和10%。有些矿主追求短期利益，过分依赖自然通风而不愿意在强制通风上投入，是造成瓦斯爆炸事故频发的主要人为原因。

随着气候变暖，冬季冷空气活动减弱，不利于自然风的输入。由于高纬度地区升温大于低纬度地区，南北气压差缩小使得全球各地的风速普遍减小，尤其是夏季气温升高使气压进一步降低，如不加强井下强制通风排气，瓦斯爆炸事故发生的风险将会明显增大。

2.3.5 气候变化对供电系统设施的影响

山西省是华北主要的电力输出地,气温升高后,高压线受热膨胀,如电杆或线塔间距过长,输电线有可能下垂甚至着地,对过路人和车辆造成电击。

气溶胶和雾霾天气增多是华北气候变化的一个显著特征。在空气污染较重和湿度较大时,存在较多带电离子的雾霾天气容易诱发输电设备跳闸的“污闪”事故。北京市 1992 年 2 月的一次污闪事故曾导致大范围停电,一百多家企业停产,多个郊区县拉闸限电。随着华北雾霾天气的增多,这类事故在山西省也很容易出现。

2008 年 1—2 月的南方雨雪冰冻灾害造成严重损失的一个重要原因是持续冻雨天气导致大批高压线塔倒塌或高压线垂地,造成数省的大范围停电。山西省冻雨天气虽然不像中国西南地区那么频繁,但随着冬季变暖和南部地区冬季降水增加,冻雨天气出现的几率也在加大。2012 年 3 月晋南的平陆和晋城就同时发生了冻雨。在山区的迎风坡冻雨的强度最大,对高压线和线塔的威胁更大。

夏季局地暴雨引发的山洪、滑坡和泥石流等山地灾害对当地的输电线路也构成严重威胁。

2.3.6 气候变化对可再生能源的影响

山西省北部的太阳能和风能资源都比较丰富,虽然随着气候变化,太阳辐射和风速都有所减弱,但仍高于中国多数地区,具有很大利用价值。

2.4 对生态系统与环境质量的影响

2.4.1 生态系统总体呈恢复好转趋势

山西省的自然生态系统以山区的森林为主体，北部还有一些草地，沿黄河有少量湿地。近年来总体呈好转趋势。

植被—气候关系是全球变化研究中的重要内容。植被是自然环境综合作用的产物，是连接土壤、大气和水分等要素的自然纽带。通过卫星遥感监测获得的归一化植被指数（*NDVI*）通常用于表征地面植被覆盖、生物量及生态系统参数的变化，可用以揭示山西省各生态区植被覆盖演变情况及对气候因子的响应。

对山西省1982—2006年*NDVI*年均值及距平变化曲线（图2.13）的分析表明，年平均*NDVI*有明显的年际变化。20世纪90年代前期和1998—1999年有较明显的下降，但总体仍保持波动上升趋势，区域*NDVI*年均值的线性趋势为0.0045/10a。*NDVI*距平分析表明，1986—2010年的近25年中有15年距平为正。20世纪的1986—1991年连续6年为正距平，其后3年为负距平。自1999年开始*NDVI*呈持续增长趋势，尤其进入21世纪（2002—2006年）*NDVI*均高于25年均值。在1985、1994和1999年出现3个明显的低谷，年距平分别约为−0.015、−0.020和−0.013，表明这三年的植被生长状况较其他年份差[83]。

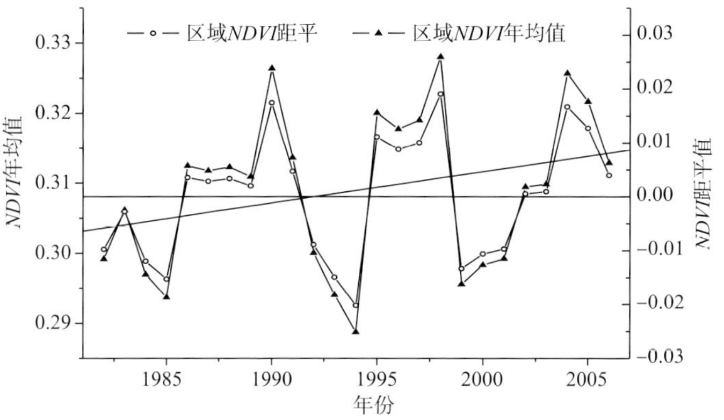

图 2.13　1982—2006 年山西省区域 *NDVI* 年均值及距平年际变化图(斜直线为线性趋势)

山西省大部分区域的植被对气候年际变化的响应有明显的滞后性，以降水的年际变化对植被影响最大。近十几年植被指数的提高，既与水土保持、退耕还林等措施有关，也与山西省降水量的回升有关。

由于风速减弱，沙尘暴发生次数自 20 世纪 60 年代以来呈波动减少趋势(图 2.14)，加上实施京津风沙源综合治理和退耕还林还草工程，晋北草地的风蚀沙化有所减轻。但晋西北局部地区的砂质荒漠化和草地退化仍较严重。

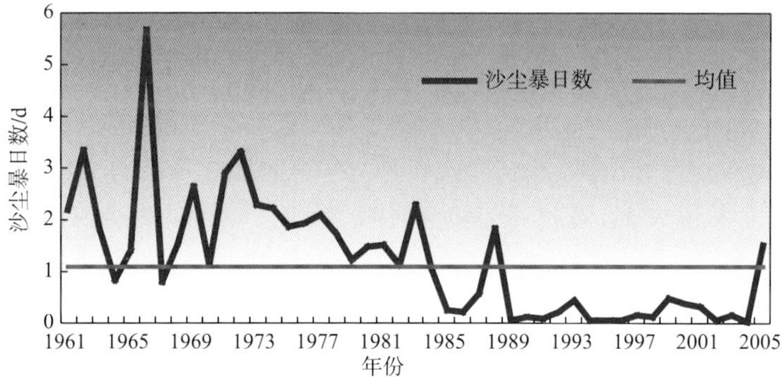

图 2.14　1961—2005 年山西省沙尘暴天数的年际变化曲线图

2.4.2 矿山生态破坏严重

长期高强度资源型经济发展模式造成的矿山地区生态破坏日趋加重，地表沉陷、河流断流、水土流失、生物多样性破坏、生态系统退化等生态环境系统失衡的现象十分突出，矿山生态修复治理尚处于起步阶段。上述问题虽然主要是掠夺式开发所造成，但气候变化也起到了一定的推动作用，特别是春夏之交发生旱涝急转时的局地暴雨，常造成采空区的塌陷和矿渣堆放处严重的水土流失。降水量的减少也不利于废弃矿区的植被恢复。

2.4.3 环境污染仍较严重

虽然山西省在“十一五”期间主要污染物排放量有明显下降，环境质量局部有所改善，但总体恶化趋势尚未得到遏制。“十二五”期间，环境压力继续加大，环境形势依然严峻。二氧化硫、氮氧化物排放量分别居全国第三、第七位，烟尘排放量居全国第一，工业粉尘排放量居全国前列。地表水劣5类水质断面仍占断面总数的51.5%，部分断面继续恶化。广大农村地区环保基础设施建设落后，生活污水和垃圾污染日趋严重。

气候变化对环境保护带来了新的挑战。气温升高会增大有害物质的毒性，加快水体微生物的繁殖和富营养化，河川径流的减少使水体的自净能力下降，冷空气活动减弱和风速降低不利于大气污染物的扩散稀释。

2.4.4 霾日数总体呈上升趋势，但近几年显著减少

山西省霾日数较多，从20世纪60年代以来一直呈上升趋势（图2.15），80年代末90年代初以及21世纪前十年末期出现两个高峰期。但2011年及2012年霾日数显著减少，与

产业结构的调整有关。但由于整个华北地区污染物排放水平很高和全球气溶胶增加、风速减弱等原因，霾日数仍处于较高水平。

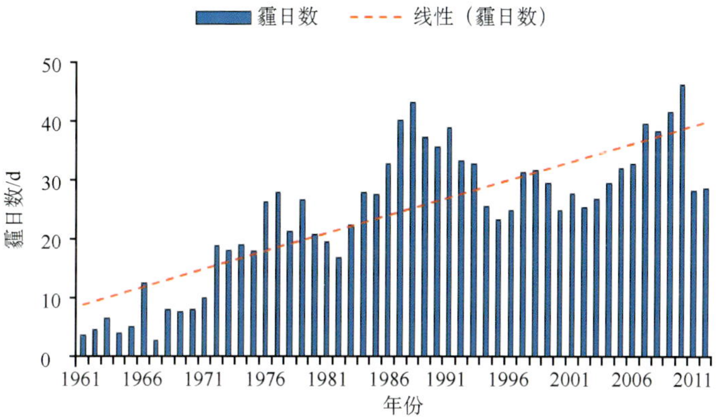

图 2.15　1961—2012 年山西省霾日数的年际变化柱形图

2.5　极端事件增多，自然灾害频发

山西省自然灾害种类多、灾害频繁且严重，受灾面积大，主要有干旱、暴雨、洪涝、大风、沙尘暴、冰雹、雷电、低温冻害、雪灾以及草原森林火灾、滑坡、崩塌、泥石流等气象及其次生、衍生灾害和地质灾害。其中干旱、洪灾、冰雹等与降水有关气象灾害仍是主要灾害。全省每年因自然灾害受灾人口上百万，各类灾害造成的直接经济损失都在 10 亿元以上。

气候变化导致极端天气气候事件呈增多趋势。自 20 世纪 80 年代以来，暴雨、干旱、冰雹、霜冻和连阴雨造成的直接经济损失分别占到所有灾害的 30％、23％、20％、9％、4％。

山西省局地大到暴雨的日数增加，极端强降水增多；极端降雪量(图 2.16)呈弱上升趋势,倾向率为 0.5 mm/10a;极端降雪的次数和强度(图 2.17)变化趋势同极端降雪量变化趋势一致,也呈波动上升,但趋势较弱。自 20 世纪 60 年代到 21 世纪初期,干旱灾害日益频繁和严重,近几年虽有所减弱,但受旱灾面积仍维持较高水平;高温日数和强度呈增加趋势;大风、冰雹、沙尘暴等灾害有减少趋势。

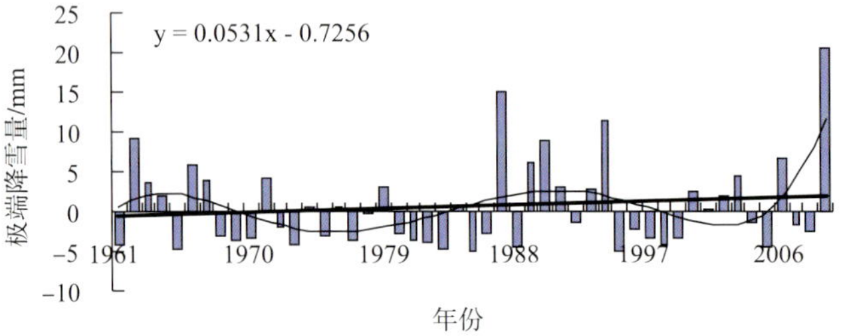

图 2.16　1961—2009 年山西省极端降雪量变化趋势图

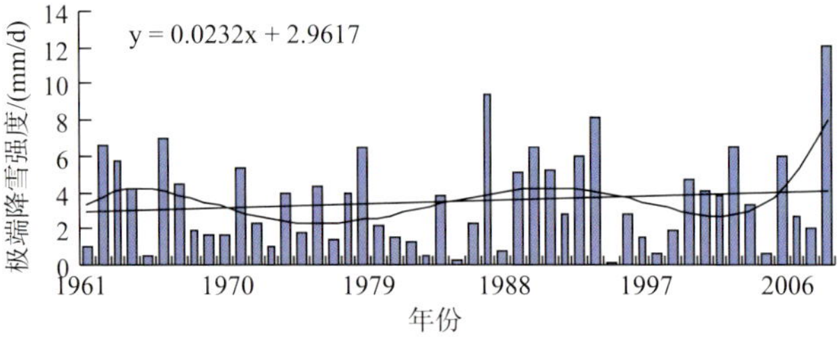

图 2.17　1961—2009 年山西省极端降雪强度变化趋势图

2.6　气候变化对城市发展与规划的影响

2.6.1　农村人口城镇化与城市气候的形成

农村人口城镇化是世界社会、经济发展的共同规律和现代化的必然趋势。中国目前正处在农村人口加速城镇化的高潮期。山西省长期以来农村人口占总人口的比例居高不下,近20年来城镇化明显加快，2010年达到48.05%，仍低于全国平均51%的水平。由于现有城镇人口中人仍有部分农业人口，到2011年非农业人口只占32.4%，但未来还将迅速增长（图2.18）。

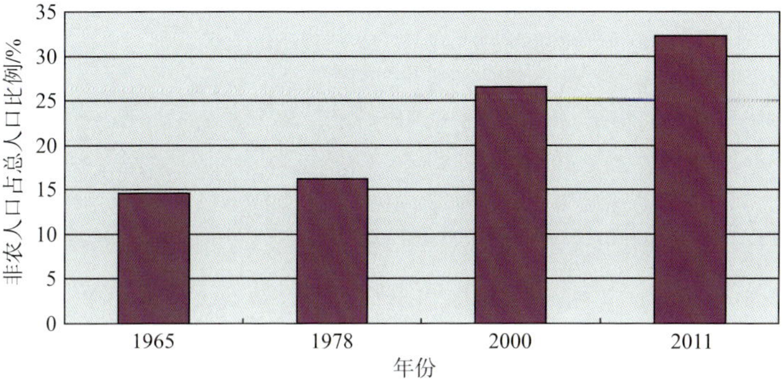

图2.18　1965—2011年山西省非农业人口的增长速率柱形图

城市范围的迅速扩大与人口的增加，显著改变了所在地区的生态环境，一方面有利于充分发挥经济集约化、规模化对周边社会经济发展的辐射与带动作用；另一方面，下垫面改变形成的城市气候也带来了一系列环境与社会问题。

城市气候的形成本身就是全球气候演化的一个组成部分，全球气候变化也加剧了城市气候的某些特点。城市气候是指大都市特有且与周围郊区有异的各种气候条件，是人类活动影响局地气候的明显表现。城市以水泥、沥青为主的下垫面代替土壤和植被，加上各种建筑物和设施的林立，改变了原有地面的辐射、热传导和热交换特征，地面粗糙度的加大削弱了近地面和低空的气流。城市工业、生活和人类活动释放出大量的人为热，还有大量的污染物排放到大气中，改变了城市大气的组成，使温室效应更加增强。由于上述原因，形成城市的热岛、干岛、雨岛、烟霾岛、雾岛等多种气候效应，对城市发展和居民生活带来了深刻的影响。

2.6.2 城市灾害的特点

首先是城市下垫面性质改变、大量释放温室气体和人为热导致的热岛效应。据观测，特大城市中心区的近地面气温要比郊外高出 4～6℃，冬季更加明显。中等城市也要高出 2～3℃。随着全球气候变暖，夏季热浪对人体健康的威胁更加严重。

城市形成雨岛是由于释放大量的气溶胶可作为雨滴形成的凝结核。大城市的热岛效应还加强了局地对流。近十多年来随着各地城市规模的迅速扩张，城市局地暴雨频繁发生。加上城市下垫面以水泥和沥青替代土壤和植被后，雨后径流系数增大数倍，使得城市内涝空前加重。近年来太原市就多次发生过暴雨导致局地内涝交通瘫痪的现象。

城市中到处林立的高大建筑物使得市区的风速明显减弱，不利于大气污染物的稀释和扩散，使得城市的雾霾天气和大气污染要比乡村严重得多，不但危害人体健康，还严重阻碍交通。但在城市的有些与盛行风向一致的街道，两侧并排的高楼又往往形成风廊，经常发生局地的大风掀倒广告牌和刮落高层楼房阳台的杂物，刮倒树木和电杆。

由于高楼都安装有避雷针，城市中很少发生直击雷伤人事故。但由于电器和电子设备的高度普及，感应雷的发生要比乡村频繁，造成的经济损失巨大。

城市高层建筑形成一种烟囱效应，一旦发生火灾，火苗极易上窜，加上现代建筑大量使用可燃和有毒装修材料，扑救难度极大。

城市经济活动和居民生活高度依赖供电、供水、供热、通信等生命线系统，牵一发而动全身。城市生命线系统的局部受灾损坏，可影响大片地区并引发一系列次生灾害。特别是由于极端天气事件或人为事故造成的突然停电，除导致停产、停业、停课、停水外，还有可能引发居室火灾、电器损坏、地下空间人群恐慌混乱甚至踩踏伤亡事故。

2.6.3 气候变化对城市规划与发展的影响

山西省是水资源严重不足的省份，气候暖干化使得全省水资源总量不断减少。城市发展必须量水而行，扩建规模不能超出水资源的承载能力。千方百计挖掘可利用水资源不能以牺牲农业和生态环境为代价。城市产业结构的调整也必须考虑水资源状况，压缩和外迁高耗水产业，发展节水型经济。城市各业和居民生活都要提倡节水。有些城市以超采地下水扩大水体景观的做法是不可持续的。

城市规划布局要避开洪水、泥石流等灾害的高风险区。城市功能区布局要考虑盛行风向，居民区、商业区和文教区都应设在上风向，排放废气较多的工业区应设在下风向，并与城市中心区保持相当远的距离。

随着气候变化、气温和地温升高、冻土层变浅、地下水位变化、风速和积雪负荷改变等，都会对城市建筑布局、结构和生命线系统的性能产生影响，需要对原有的工程技术标准进行适当修订。

2.7 对第二、三产业发展的影响

随着经济、社会的发展，第二、三产业日益成为区域经济的主体。山西省第二、三产业的比重已从1952年的41.4%上升到2011年94.3%，但第三产业的发展相对滞后，近十年还有降低趋势,比全国平均低 8 个百分点,比发达国家低 30 多个百分点(图 2.19)。未来随着农村人口的进一步城镇化,潜力较大的第三产业则会有一个更大的发展。

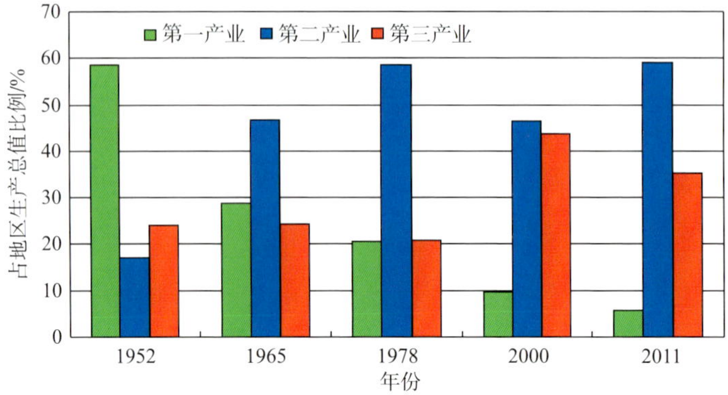

图 2.19 1952—2011 年山西省产业结构的变化柱形图

城市第二、三产业总体上虽然不像农林业那样对气候变化高度敏感,但仍有一些产业部门受到气候变化的较大影响,主要是高暴露、高依赖、高耗水、高耗能、高污染等“五高”产业和消费转移产业。其中建筑业、交通运输业、旅游业、露天煤矿等产业主要在露天条件下工作,属高暴露产业。食品加工业、餐饮业、纺织和服装业、木材加工业等的原材料高度依赖农林产品的产量和品质,受气候变化的间接影响,属高依赖产业。煤炭、冶金、火电、造纸、纺织、食品等为高耗水产业。冶金、发电、建筑等为高耗能产业。化工、冶金、能源、电镀等为高污染产业。由于气候变化导致消费习惯改变还将对餐饮业、服装业、夏令和冬令产品制造业产生影响。以下我们对气候变化对几个重点产业的影响做初步分析。

2.7.1 建筑业

随着农村人口的城镇化,未来山西省建筑业将有较大的发展。随着气候变暖,对建筑物的通风要求提高,采光要求可适当降低，对建筑材料的隔热性能要求提高。无霜期延长也使得建筑施工期加长。北部地区对建筑物冬季采暖的要求可适当放低，南部地区为防御夏季高温热浪，对建筑物通风、遮阴、隔热等的要求提高。

2.7.2 交通运输业

气候变暖和冰雪天气减少将改善冬季交通条件，提高寒冷季节的人群出行率，但雾霾天气增加不利于交通安全。夏季暴雨、热浪等也会对交通运输产生一定影响。夏季高温易使沥青路面软化，使车轮打滑，需要提高沥青的标号。北部地区由于冬季冻土变浅，需要修订路基的工程建设标准。

2.7.3 采矿业

露天煤矿易遭受洪涝、滑坡、泥石流、雷电、热浪、寒潮、大风、冰雹、冰雪等多种灾害的袭击。气候变化导致极端天气事件增多，山洪、气温和气压变化等对井下作业的安全也有很大影响。需要加强对极端事件的监测和预警，提高安全生产管理水平。

2.7.4 旅游业

旅游业将是对气候变化最敏感和发展潜力最大的第三产业。

气候变暖使植物的物候发生很大变化，春季各种植物的开花期普遍提前，秋季树叶的变色和落叶普遍推迟，一些植物的分布也将发生变化，最佳观赏期和观赏点将随之改变，但气候暖干化使有些地区的森林植被发生退化，生物多样性锐减，也降低了观赏价值。气温升高有利于提高冬季人群的出行率，但将减少夏季高温时段的出行。未来北部地区的冬季冰雪特色旅游将向更高纬度和海拔转移，山区的夏季避暑旅游将有更大的市场。降水和径流的变化将影响到以水面和瀑布等景观为特色的旅游点和项目。由于山西省中北部的气候总体偏凉，气候变暖使得许多地方的旅游旺季由于过去的 4 个月延长到了 6 个月。

山西省是中华文明的主要发祥地之一，历史文化遗产之丰富居全国前列。由于气候变化导致极端天气事件增多的地方，对历史文化遗产将构成威胁。二氧化碳浓度增高和北方降水量回升使空气酸化，将加重对云冈石窟佛雕像的腐蚀，还有可能加速木质古建筑的变质。

2.7.5 食品加工业和餐饮业

气候变暖将改变人们的传统饮食习惯，减少对高脂肪高蛋白食品的摄入量，增加对蔬菜、水果、饮料等的消费。气候变化导致的种植结构调整使得小麦、水稻、谷子、高粱等作物的面积和产量下降，而使玉米、马铃薯等作物的面积和产量增加。这对餐饮业和食品加工业的某些原料来源带来较大影响，因此需要对名特产品生产基地采取保护措施和增加从外地输入来弥补。

2.7.6 纺织业和服装业

随着气候变暖，人们对冬季保暖服装的要求放低，对夏令服装的要求提高。由于臭氧层削弱使到达地面紫外辐射增加，人们对夏季服装的暴露度要求将会降低，尤其是到山区旅游时。

2.7.7 其他产业

气候暖干化和水资源的日益短缺，要求对高耗水产业予以严格限制，必须保留的产业尽可能采取节水工艺，必要性不很大的高耗水产业则采取压缩、迁移甚至停产等措施。大气污染和水体污染加重的严峻形势要求对高耗能和高污染产业采取严格的限制措施，首先要从源头降低污染物的排放，同时要推广循环经济模式，使废弃物减量化、无害化和资源化。

城市中感应雷对电子设备和家用电器生产企业的威胁加大。

气候变化导致区域间和国家间的资源禀赋和环境容量发生改变，进而改变产业分布的格局。有些原有的优势产地可能变成劣势，有些原有的劣势产地可能变成优势。对国内外的贸易格局也需要做出调整。

2.8 对民生的影响

2.8.1 对人体健康的影响

气象因素对人体刺激后引起的反应取决于个体的特征，还取决于个人的心理状态与体质。不同性别、年龄的人对气象因素刺激的反应并不相同。在一般情况下，健康的人比较能适应外界的气候变化，但是当气象条件的急剧变化超过了人体调节机能的一定限度时，人们就会感觉不适甚至生病。

气候变暖本应有利于减轻寒冷季节多发的心血管类疾

病，但由于气候的波动加剧，经常发生冷暖突变，这类疾病的发生仍然较多。夏季热浪频繁影响工作效率和健康，露天作业人群易发生中暑，需加强防护。

极端事件多发对野外作业和旅游人群的威胁加大，需要加强对灾害性天气的监测、预警和防范。

气候变暖使得有害生物越冬基数增大，繁衍加快，危害期延长，分布范围北扩，加上经济全球化造成人流、物流规模扩大，增加了各类媒传疾病发生的风险。

气候变化，尤其是二氧化碳浓度的增高将改变许多农产品的营养成分，从而影响到人们的食物结构。

2.8.2　对消费行为和生活习惯的影响

气候变暖将降低对冬令商品的消费需求，增加对夏令商品的消费需求；增加寒冷季节的出行时间，减少“猫冬”现象；减少炎热季节的出行，要求增加夏季午休时间，增加防暑降温物品和冷饮的消费。应对气候变化提倡绿色生活方式，节水、节能和室内环境调控器具将受到青睐，高耗能、高耗水、高污染产品受到抑制和被淘汰。

2.8.3　对就业的影响

气候变化对不同产业的影响和优势产地的转移，将对人们的就业产生影响。因气候变化变得更加有利的产业和地区就业机会增多，不利的产业和地区的就业机会将减少。

2.8.4　对因气候变化返贫地区的影响

在气候变化的背景下，干旱缺水和水土流失严重加剧的少数山区和高原的生存环境将更加恶化，如经常断水、滑坡或泥石流频发威胁生命安全等。这些地区将变得更加贫困。对于治理难度很大的地区需要实行生态移民。但迁移到新区后,还有可能对当地自然环境和社会环境不适应,特别是与原住民的关系不易协调。

第3章

山西省适应气候变化的现状、存在问题以及需求和目标

3.1 山西省适应气候变化的现状

作为生态脆弱、经济欠发达和以能源生产及重化工业为经济支柱的内陆省份，山西省政府对于应对气候变化高度重视，早在2008年就为贯彻落实《中国应对气候变化国家方案》，成立了山西省应对气候变化领导小组，制定了《山西省应对气候变化行动计划》，并采取了一系列应对措施。

3.1.1 减缓工作的成效

在减缓方面，山西省通过调整产业机构，推广循环经济，改进节能工艺等，"十一五"期间，以能源消费年均6.4%的增速支撑了国民经济年均11.2%的增速，"十一五"期间能源消费弹性系数由0.68下降到0.57。山西省单位GDP能耗水平已由2005年的2.890 t标煤下降至2010年的2.235 t标煤，累计下降22.66%，超额完成22%的节能目标任务，共节约了4000多万吨标准煤。"十一五"山西省完成营造林2371.95万亩，森林覆盖率达到18%[77]。"十二五"规划完成营造林2250万亩，到2015年，全省森林覆盖率达到23%，森林蓄积量达到

1.3×10^8 m^3，森林植被总碳储量达到 2.2×10^8 t[84]。

3.1.2 适应工作的成效

3.1.2.1 农业领域的适应工作

农村公共气象服务业务系统建设稳步推进，“十一五”期间气象灾害预警信息覆盖率已达 90%以上。

“十一五”期间农田有效灌溉面积达到 1911 万亩，综合治理水土流失面积 1.54×10^4 km^2。大力实施 1000 万亩中低产田改造、旱作农业示范基地和新增粮食生产能力建设等工程，耕地综合生产能力明显提高。

针对秋冬季变暖，冬小麦播种期比 20 世纪 70 年代推迟 7 天左右，减少了因冬前生长过旺而导致的冻害和长势衰弱。对小麦品种的冬性要求有所降低，有利于延长穗分化期增加粒数。适应热量资源的增加，玉米普遍以生育期更长的品种替代，增产效果显著。

针对气候的暖干化调整了种植结构和作物布局，光合效率和水分利用效率较高的玉米成为第一大作物并向北扩种。耗水较多的小麦面积压缩。

根据由于气候变暖有害生物发生规律与分布的改变，调整了病虫害监测重点和防治时期，加强了对外来有害生物入侵的检疫和监控。

利用冬季变暖大力发展设施农业，冬春蔬菜供应显著改善。针对夏季炎热不利于蔬菜生长，在晋北高海拔地区建立了淡季蔬菜生产基地。

3.1.2.2 水资源领域的适应工作

针对气候暖干化造成的水资源紧缺，大力加强开源节流。

2010年，山西省万元工业增加值用水量31 m^3，比2005年下降54%，但下降率仍明显低于全国水平。工业用水重复利用率为87.5%，比2005年提高6.5个百分点。农业生产上普遍推广了渠道衬砌、管灌等节水灌溉技术。山区和黄土高原区推广水窖集雨，平原农村大力开展清洁饮用水源建设，累计解决和改善了1188万人的饮水困难问题。开展了节水型城市建设，大力推广生活节水器具。实施万家寨调水工程，对山西省的严重缺水起到一定缓解作用。大部分地下水位实现止降回升，全省地下水位平均上升约0.56 m，汾河多年季节性断流后实现了全线复流，流域地下水位较治理前平均回升3 m以上，局部河段地下水位回升达16.17 m。

3.1.2.3 生态环境领域的适应工作

针对气候变化对山西省生态环境带来的不利影响，加强了生态建设与环境保护工作。“十一五”期间主要污染物减排任务超额完成，大气和水环境质量有所好转。2011年，全省二氧化硫排放总量1.399×10^6 t，比2005年降低7.72%。全省纳入国家考核的大同、临汾、阳泉等5个重点城市全部摘掉了“灰帽子”，退出了全国22名严重污染城市之列。地表水监测的劣质断面数量减少，水质良好与中等断面数量增加。

生态环境建设取得重大进展。扎实推进天然林资源保护、京津风沙源治理、“三北”防护林建设、太行山绿化、巩固退耕还林成果等国家林业重点工程，综合治理水土流失面积1.54×10^4 km^2。汾河干流断流天数明显减少，流域水生态环境得到改善。对采煤沉陷矿区、矸石山、水土流失等进行大规模的生态恢复治理，全省矿山生态环境明显改善。

2002—2011年十年累计治理水土流失面积3万多平方

千米，治理度达到49%。2011年，全省共建成自然保护区46个（国家级5个，省级41个），自然保护区面积达1.166×10^6 hm^2，占全省国土面积的7.47%。

3.1.2.4 加强气象防灾减灾和气候资源开发利用

山西省人民政府制订了《山西省气象灾害应急预案》。全省11个市均出台了政府气象灾害应急专项预案，基本建立了比较健全的气象灾害应急管理体系。突发气象灾害预警信息覆盖率达80%，重特大气象灾害准确预报，提前预警，及时启动预案，为抢险救灾做出了贡献。暴雨等灾害性天气的短期预报准确率提高5%，完善了公共服务信息发布平台。气象信息发布渠道不断拓展，时效性不断增强，公众覆盖面不断扩大，预警信息覆盖率稳步提高，因灾伤亡人数显著下降。

建成大同、运城人工增雨基地，作业规模居全国第一，"十一五"期间累计增雨量近8.7×10^9 m^3。

开展了气候变化监测、归因研究、影响分析评估、城市规划气候可行性论证、环境影响评价、灾害风险区划等工作。对原有的农业气候区划进行了更新和细化，为气候变化背景下进一步提高农业气候资源开发利用水平提供了依据。

3.1.2.5 其他领域的适应工作

长期坚持计划生育，近几年全省人口自然增长率保持在4‰～5‰的较低水平，有助于缓解因气候变化带来的资源与环境压力。

山西省的生态脆弱地区主要分布在晋西黄土高原沟壑区、晋西北砂质荒漠化地区和其他严重缺水的土石山区，气候暖干化加剧了这些地区的植被退化和贫困。经过大力开展农村水源工程建设,人畜饮水困难有所缓解。随着农业劳动力进城务工人数不断增加,收入也有所提高。对一些生存条件恶劣的地区实行了生态移民。

农村和城市初步建成医疗保障体系,加强了对媒传疾病的监测和预警,有效减轻了气候变化对人体健康的影响。

3.2 山西省适应气候变化的存在问题

尽管山西省在适应气候变化方面做了大量工作,但大多是自发进行的,针对性不强,缺乏统一地规划与指导。

3.2.1 对适应气候变化工作认识不足

与应对气候变化的减缓对策相比,对于适应对策的意义和内涵普遍认识不足。减排是硬任务,适应是软任务。对于减排工作向各级政府和相关企业都下达了明确的考核指标,对于适应工作至今尚无明确的目标与考核指标。

把所有的日常工作都说成是适应工作,缺乏针对性。由于没有气候变化这些工作也要进行,实际是变相取消了适应工作。

混淆适应与减缓,如把减排温室气体和植树造林都列入适应的范围。

分析气候变化的影响往往忽视受体自身的脆弱性与适应能力,以及不同气候要素之间的交互作用。如随着气候变暖,有些人以为甚至断言霜冻灾害会减轻,土壤蒸发和植被蒸腾量会加大。实际情况是由于植物的物候同步改变和脆弱性增大,霜冻灾害在加重。虽然气温升高有增大蒸发与蒸腾的效应,但目前全球太阳辐射和风速都在减弱,其效应超过了气温升高的影响,使得水面蒸发、土壤蒸发和植被蒸腾总体呈降低趋势。

对于农业、水资源、生态系统等领域的适应工作相对重视,对于人体健康、城市发展、第二和第三产业、社会生活等领域的适应工作缺乏认识,重视不够。

由于气候变化及其影响具有一定的不确定性,觉得采取适应措施存在较大风险,甚至无所适从,无从下手。

由于对适应工作缺乏足够的认识,不像节能减排和绿色发展那样,远没有形成全民行动适应气候变化的氛围。

3.2.2 适应工作的保障体系尚未形成

现有应对气候变化的法律法规中有关适应工作的内容不够健全,如 2011 年发布的《山西省应对气候变化办法》中虽然专门编写了以"适应气候变化"为题的第三章,但内涵偏窄,只涉及农、林、水、生态系统、气象灾害等方面。虽然提出各类规划制定和重大工程建设要考虑气候变化和进行气候论证,但没有明确的行业标准来执行和确认。

各类灾害综合监测系统建设与适应需求之间还有较大差距,尤其是边远山区的减灾能力薄弱,近年来山地灾害的伤亡较重。

适应资金机制尚未建立,政府财政投入不足,缺乏明确的财政科目,尤其是缺乏应对巨灾的风险分散转移机制。

3.2.3 科技支撑能力不足

上述对于适应工作的认识不足,都与对于气候变化影响及适应机制、技术途径等的基础性研究缺乏有关。科技部门有关适应对策的研究只在少数领域刚刚起步,多数领域在山西省尚属空白。所有部门、产业和区域都还没有提出具有可操作性的适应技术清单，已有适应技术对于气候变化的针对性也不强。

3.2.4 适应能力建设明显滞后

在城乡建设快速发展的同时，基础设施建设跟不上适应气候变化的要求。供电、供热、供水、排水、燃气、通信等生命线系统建设和交通、建筑等领域的工程建设基本上沿用几十年前的技术标准，尚未针对已经发生的气候变化进行修订，因而应对极端天气气候事件的保障能力不足。敏感脆弱领域和行业的适应能力较差。部分农田水利设施老化，社会化服务体系不够健全，难以应对气候的剧烈波动和重大灾害。采矿、建筑、交通、旅游等暴露性强的行业部门防范极端天气气候事件能力不足。

3.2.5 已开展的适应工作存在一定的盲目性

调整品种结构是适应气候变化、充分利用农业气候资源、趋利避害的有效措施。但是有些农民从以南地区引进了生育期过长的品种，到秋后下霜时仍然不能正常成熟，人为造成了冷害。有的农民简单照搬上年经验决定小麦的播种期，但下一年的气候条件大多重演上一年的情况。如果在秋暖年过早播种，会因冬前生长过旺，越冬严重冻枯甚至死苗；如果在秋凉年播种过迟，则冬前必然形成弱苗，抗旱和抗寒能力下降，即使能够越冬，产量也不高。

交通、旅游部门和商品零售商也往往不善于根据当年气候的冷暖干湿变化调整营业策略。

3.3 山西省适应气候变化的需求

3.3.1 是实现转型跨越、全面建成小康社会的需要

山西省在“十二五”和今后一段时期将大力推进工业新型化、农业现代化、市域城镇化、城乡生态化。在建设国家新型能源和工业基地的基础上，建设全国重要的现代制造业基地、中西部现代物流中心和生产性服务业大省、中部地区经济强省和文化强省，再造一个新山西就实现转型跨越式发展。

长期以来，山西作为北方重要能源与重化工业基地，为国家做出重大贡献的同时，产业结构单一化、初级化、重型化，经济发展方式粗放，城乡和区域之间发展不平衡，城乡居民收入水平不高等问题一直比较突出。虽然矿产资源丰富，但水资源和土地资源的匮乏和环境容量不足极大制约了社会经济的可持续发展。实施转型跨越发展战略势在必行。

气候变化已经成为当今世界最大的环境挑战。一方面给山西省的农业、交通、旅游业等的发展带来一些新的机遇，但气候暖干化导致的水资源更加紧缺，极端天气、气候事件增多和大气污染加重等问题，也给全省的转型跨越发展带来了新的挑战。山西省要实现转型跨越，再造一个新山西的宏伟目标，必须把应对气候变化摆到重要地位。一方面要狠抓节能减排增汇，同时也要大力开展适应气候变化的工作，确保各行各业在气候变化的背景下能够趋利避害，实现可持续发展。

适应与减缓是应对气候变化相辅相成的两大对策。适应工作虽然不涉及具体的减排工作，但采取适应对策同样是为保障社会经济的健康发展，可以替代盲目增加投入来求得经

济增长，在一定意义上起到了间接减排的作用。

3.3.2 是优化生产力布局、充分发挥主体功能区作用的需要

山西省已制定了主体功能区规划，并提出了明确的分区发展目标。主体功能区的划分，既要根据社会经济条件，也要根据自然条件。气候变化对不同的主体功能区产生了不同的影响。

对于城市化地区，气候变化使城市气候的某些特征得到加强，使得局地暴雨内涝、雾霾与大气污染、热浪等城市气象灾害变得更加突出，对城市规划布局、城市经济与各产业的发展、城市交通与生命线系统安全、城市居民生活等都产生了深刻的影响，尤其是对于太原等中心城市，必须采取相应的适应措施。

对于主要农业区，气候变化使热量资源增加和二氧化碳浓度增高，有利于提高作物生产潜力，但水资源的日益匮乏和极端天气、气候事件的增多对农业生产的威胁也在加大。山西省是一个缺粮省，由于国家的粮食产销处于紧平衡状态，山西本省必须保持相当的自给水平以确保粮食安全。山西省的许多名特优农产品都是在特定的气候与土壤条件下才能生产出来。气候变化改变了各地的生境，名特优农产品的生产布局和生产技术也都需要进行调整。

山西省山丘和高原面积的比例很大，水土流失严重，生态十分脆弱。无论对于本省社会经济可持续发展和给人民提供碧水蓝天的良好环境，还是担当华北的重要生态屏障，都必须充分发挥生态保护区的主体功能。气候暖干化使得有些地区的植被退化，适生树种改变，河川径流变小，生物多样性下降。如不采取适应措施，就不能充分发挥生态保护区保持水土、固碳制氧、净化空气、拦截沙尘、涵养水源、保护生物多样性、提

供美丽景观等多项生态功能。

3.3.3 是推进农业现代化、提高农产品保障能力的需要

目前山西省的农产品产出还不能充分满足全省人民的消费需求,必须加快农业产业化、规模化、现代化的步伐。气候变化改变了农业气候资源的时空分布格局和农业生产的环境条件,要保持农产品产量的稳定增长,就需要趋利避害调整作物与品种的布局,为充分利用气候变暖所增加的热量资源,提高生产潜力和避开常发的气象灾害,就需要调整农作物的播种期和移栽期。气候变化改变了有害生物的生境和发育进程,就需要调整病虫害防治的重点区域和时期。为缓解气温升高使土壤有机质分解加快,也需要改进施肥管理和土壤耕作技术。

3.3.4 是推进城乡生态化、建设资源节约型和环境友好型社会的需要

气候变化导致山西省水资源更加紧缺,不利于水体的更新和自净。风速减弱和气溶胶增多加剧了大气污染。降水减少使得部分山区的植被退化。为此必须加强城乡生态环境建设。山西省政府提出"绿化山西、气化山西、净化山西、健康山西"。实现这一目标,需要研究气候变化对不同地区城乡生态环境的影响,才能有针对性地提出综合治理的对策。

山西省是一个严重缺水的省份,必须采取最严格的水资源管理和节水措施。尽管山西省是一个能源大省,但大气污染的现状和巨大的减排压力也要求厉行节能。无论节水或节能都必须考虑气候变化因素。如水库的蓄水必须兼顾防汛与抗旱,根据气候降水、蒸发、渗漏、径流等的变化调整蓄排策略。农田灌溉要根据气温升高后作物发育期、需水临界期、产

量水平的改变和降水的时空变化等调整灌溉时期和水量。城市建筑要根据不同季节气温的变化调整夏季空调和冬季供暖的耗能标准,工业企业要根据气温的变化调整冷却用水量和保暖供热量。

3.3.5 是推进城市化进程、建设绿色生态城市的需要

山西省和全国一样,目前正处于农村人口城市化的高潮期。在推进城市化进程、促进城镇体系合理布局和建设绿色城市的过程中,必须考虑气候变化的影响。

城市规划布局必须考虑资源的保障能力和环境容量。如由于气候变化,水资源变得严重缺乏,或空气流通很差,或山洪、泥石流等灾害多发的地区就不适宜新建或扩建城市。城市规模太大,热岛效应、雾霾多发污染大气、局地暴雨内涝等"城市气象病"就难以根治。目前发达国家都在控制特大城市的规模,提倡发展都市群和合理划分城市与郊区的主体功能区。大中小城镇的合理布局与城市功能区的规划都必须根据气候的差异来确定。

3.3.6 是提倡绿色生活方式、改善民生和提高居民生活质量的需要

气候变化使人们的出行规律和消费行为发生改变,对人体健康也产生了多重影响。适应气候变化体现了人与自然和谐相处的理念,是绿色生活方式的内容之一。通过采取主动的适应行为,节水、节能、节约一切资源,推广废弃物回收利用,加强对极端天气、气候事件的监测预警,加强气候变化背景下的卫生保健工作等,能起到改善民生和提高生活质量的作用。提倡和践行绿色生活方式可以使人们变得更加高尚,

也是建设社会主义精神文明的重要内容之一。

气候变化导致极端天气、气候事件的增多，对人民的生命财产造成了威胁。研究气候变化带来的灾害发生新特点，调整防灾减灾工作部署与对策，将能提高人民的安全感，减轻生产和财产的损失，保障各项事业的发展。

3.4 山西省适应气候变化的指导思想和原则

3.4.1 指导思想

以邓小平理论、“三个代表”重要思想、科学发展观为指导，贯彻落实党的十八大和三中全会精神，大力推动生态文明建设，坚持以人为本，加强科技支撑，将适应气候变化的要求纳入山西省经济社会发展的全过程，统筹并强化气候敏感脆弱领域、区域和人群的适应行动，全面提高全社会适应意识，提升适应能力，有效维护公共安全、产业安全、生态安全和人民生产生活安全，为实现山西省的转型跨越发展战略和全面建成小康社会提供有力保障。

3.4.2 原则

山西省适应气候变化工作应坚持以下原则：

(1)纳入规划，突出重点。在全面评估气候变化影响和损害的基础上，把适应气候变化纳入山西省社会经济发展规划，在政策制定与执行中充分考虑气候变化因素，重点针对脆弱领域、脆弱区域和脆弱人群开展适应行动。

(2)趋利避害，主动适应。加强气候变化的风险分析与评估。坚持预防为主，加强监测预警，努力减少气候变化引起的各类损失，并充分利用有利因素，科学合理开发利用气候资源。

(3)科学适应，无悔双赢。基于不同区域的经济社会发展状况、技术条件以及环境容量，充分考虑适应成本，采取合理的适应措施，坚持提高适应能力与经济社会发展同步，增强适应措施的针对性。加强适应技术的科技支撑，加强适应措施的计划性，优先采用在气候变化不确定条件下也能取得显著经济与生态效益的无悔和双赢适应技术。

(4)全面统筹，协同配合。全面统筹全局和局部、区域和局地以及远期和近期的适应工作，加强分类指导，加强部门间、中央和地方和本省地区之间的协调联动，优先采用兼具减缓和适应协同效益的措施。根据气候变化影响的紧迫性、适应技术的成熟性和效益确定适应行动的优先序，并逐步构建区域与产业的适应技术体系与适应技术清单。

(5)广泛合作，全民参与。提高全民适应气候变化的意识，完善适应行动的社会参与机制，营造全社会适应气候变化的氛围。广泛开展适应技术推广活动和适应气候变化示范社区的建设。积极开展多渠道、多层次的国际合作，加强适应领域的南南合作。

3.4.3 原理与机制

3.4.3.1 适应概念的提出

适应概念的提出最初是在生物学领域，“泛指组织或系统为了生存、繁殖而增强应对环境变化的基因和行为特征”。后来又被扩展到文化和社会经济领域。

联合国政府间气候变化专门委员会(IPCC)提出的定义：

适应是指“通过调整自然和人类系统以应对实际发生的或预估的气候变化或影响”。

目前，适应与减缓一道被认为是人类社会应对气候变化的两大对策，二者是相辅相成，彼此不可替代的。

虽然减缓是遏制气候变化的根本措施，但这也是长期和艰巨的任务。对于仍处于工业化和城市化发展阶段的绝大多数发展中国家，适应更为现实和紧迫。由于气候变化的巨大惯性，即使人类能在不久的将来把大气温室气体浓度降低到工业革命以前水平，气候变暖还会延续相当长时期，采取适应措施势在必行。

适应体现了人与自然和谐相处的理念和态度，意味着人类必须按照自然规律来调整和规范自己的行为。适应是可持续发展战略的组成部分，适应是一个动态的过程。生物的进化和人类社会的发展就是对气候变化不适应—适应—新的不适应—新的再适应的循环反复过程，可以说适应是生物进化和人类社会进步的一种动力。

适应定义的关键词，一是气候变化或影响，二是调整。定义明确适应要针对实际发生或预估的气候变化或影响，而不是别的影响。适应行为是指对自然系统和人类系统进行调整的行为，未做调整的常规行动不能算作适应。

气候变化影响有利有弊，适应的核心是趋利避害。即最大限度减轻气候变化对自然系统和人类社会的不利影响，同时充分利用所带来的某些有利机遇。

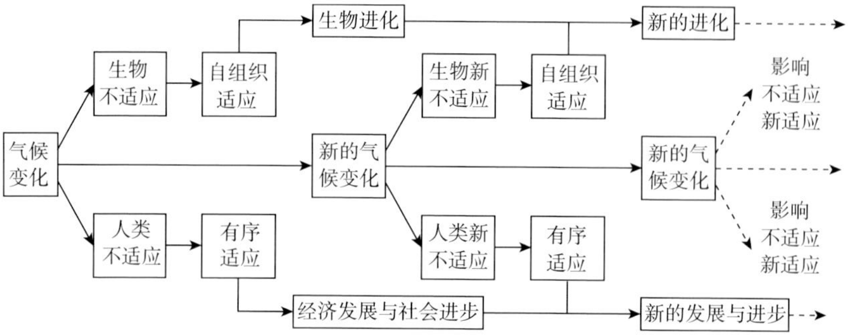

图3.1 适应气候变化与生物进化和人类经济发展、社会进步的关系图

3.4.3.2 适应气候变化的内涵

适应气候变化包括四个方面的适应：

(1)气候变化的基本趋势。全球带有普遍性的是气候变暖和二氧化碳浓度增高，有些地区还有变干或变湿的趋势。此外，大多数地区的太阳辐射和风速减弱，并导致蒸散量的下降。

(2)极端天气、气候事件的变化。有些增加，有些减少，不同区域有很大差异。但总体上看极端事件的危害在加大。

(3)气候变化引起的一系列生态后果。其中最严重的是海平面上升，其他还有冰雪融化和冻土层变薄、海洋酸化、生态系统演替和生物多样性改变等。

(4)气候变化引起的社会经济后果。如资源分布、优势产地、产业结构与贸易格局的改变，出行规律、消费习惯与生活方式的改变，生态脆弱地区的气候致贫、社会经济发展不平衡引发的区域与国际矛盾等。

适应研究可分为以下层次：

①理论层次。包括适应行为、适应机制、适应潜力等，属

基础性研究，是适应行动的科学依据。

②行动层次。是适应工作的主体，纵向按照层次高低分为战略、对策、技术、示范推广等，横向按照领域、区域和行业具体划分。

③保障层次。为适应行动提供保证，其中法制、政策和规划具有强制性与指导性，资金和物质是行动实施的条件保障，效果评估是通过检验以利继续实施，能力建设是适应行动可持续的落脚点。

3.4.3.3 适应的机制

系统的适应性源自自组织系统对外界气候变化干扰的反馈和响应，从系统工程角度可以把适应气候变化定义为：通过对气候变化引起的外界环境扰动做出反馈和响应，使自组织系统在新的气候环境条件下能正常运转和发挥其功能。

不同类型的系统对于外界环境扰动做出的反馈和响应有很大区别。

(1)简单的非生命系统。由于缺乏自组织性，对于外界环境干扰的反馈与响应能力较差。但仍能表现出一定的弹性，即保持系统结构不受破坏，功能不至丧失。当外界干扰减弱或消失时，系统能恢复原来态势。但这种弹性是有限的，如外界干扰超过一定阈值，系统将受到破坏。

(2)复杂非生命系统和简单生物系统。具有一定自组织能力，能对外界环境干扰信息及时做出反馈和响应，采取一定的适应行动以减轻环境胁迫，但通常是被动的适应，不能做出有计划的预先适应。外界干扰很强时同样有可能超过一定的阈值，导致系统的破坏甚至崩溃。生物自适应分为基因、细胞、组织、器官、个体、群体、生态系统等不同层次，具有不同的自组织适应机制，层次越高，生物多样性越丰富，自组织和适应能力就越强。

(3)人类系统。具有很强的自组织能力，能够有计划收集环境信息，正确评估气候变化影响和风险，制定主动有序的适应措施。但人类系统的适应能力仍然受到社会组织管理能力、经济发展水平、科技水平，特别是对气候变化及其影响的认知水平等因素的局限。如果升温速率超过一定的阈值就有可能超出人类系统的适应能力，造成灾难性的后果。人类系统适应分为个人、家庭、社区、区域、国家、大区和全球等不同层次。系统越大，适应的难度越大，但适应能力也越强，适应机制更加复杂多样。

系统的边缘部分或子系统对于气候变化最为敏感且相对脆弱，但系统边缘作为与系统、外界进行物质、能量和信息交换的前沿，又具有从外界引进有益物质、能量和信息即“负熵”的可能。与系统内部相比，更加具有促进系统进化演替的机遇。研究边缘子系统对气候变化的响应和自适应机制即边缘效应，探讨针对系统边缘的适应对策，对于制定整个区域或领域的适应战略与对策具有特殊重要的意义。应当把边缘适应作为整个适应工作的重点和突破口。

根据不同受体系统的适应机制和控制论的反馈原理，可以得出基本的适应技术途径，构建区域性适应技术体系的框架(图 3.2)。

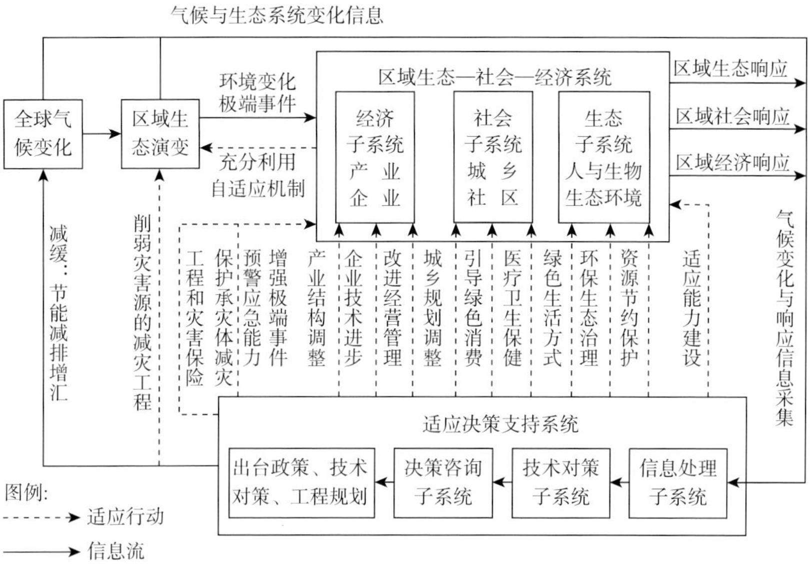

图 3.2　区域系统适应气候变化的技术途径示意图

3.4.3.4　针对气候变化及其影响不确定性的适应策略

气候变化具有一定的不确定性，加上气候变化与不同类型受体系统之间的复杂相互作用及人类活动的不确定性，使得气候变化对不同领域和区域的影响十分复杂，也具有一定的不确定性，特别是气候变化用户与气候自身的周期波动叠加，使得极端天气、气候事件的预测难度加大。因而使得有些人感到适应气候变化无所适从，无从下手。但是只要对区域气候变化特征和受体系统响应做出具体分析，仍然可以大致区分出相对确定的影响和不太确定的影响，对两类影响应采取不同的适应策略。

（1）对于相对确定的气候变化及其影响应采取比较稳定的适应对策

如全球二氧化碳等温室气体的浓度不断增高，气温总体变暖趋势，海平面上升，高山高原雪线上升，冻土变浅，冰雪消融加快，平均风速与地面接收太阳辐射减弱，土壤有机质分解加快，有害生物向更高纬度与海拔扩散蔓延等都是比较确定的。降水变化的区域性强，但对于特定区域的一定时期内，暖干化或暖湿化趋势会延续相当长时期，也可以看成相对稳定的影响。

对于相对确定的气候变化特征及其影响应采取比较稳定的战略性适应措施，包括制定中长期适应规划，调整产业结构域布局，调整工程技术标准，调整作物播种期，培育耐热和高光效作物品种，加高、加固海堤等。

(2)对于相对不确定的气候变化及其影响要以战术性应变适应技术为主

极端天气、气候事件的发生和气候波动具有很大的不确定性，社会、经济发展和市场波动也会影响人的行为，从而导致相当部分的气候变化影响具有不确定性且复杂多变。对于这类问题，相关领域、部门和产业都应建立一整套应变方案和技术体系，并加强对极端天气气候事件的监测、预警和预案编制与实施。

在实际工作中，一方面要针对气候变化的基本趋势采取必要的适应措施；另一方面也要对与基本趋势相反的气候事件有所防范，对策要留有余地，备有应变措施。气候敏感产业和领域都应构建应变技术体系，一旦发生极端天气、气候事件或未曾预料的气候变化影响，能够及时采取合理的应对措施，不至手足无措。

3.4.3.5 适应的制约因素和阈值

(1)适应的制约因素

能否采取适应行动以及能否取得预期的适应效果，取决于多种因素：

①科学认识。能否采取正确的适应措施在很大程度上取决于对气候变化风险和机遇的认识，包括是否存在气候变化风险或机遇及其程度，是否值得采取适应措施及是否紧迫。低估风险和机遇将导致适应不足，高估则导致适应过度，错误判断将导致反向适应。

②技术水平。现有技术能否应对气候变化风险和机遇，技术是否成熟，是否具有可操作性与可行性。长期技术需求和研发难度将制约未来的适应行动。

③经济发展。成本与收益比决定适应措施是否在经济上可行。随着气候变化与区域经济的发展，某些产业的优势产地有可能转移，人们的消费习惯也可能改变，这些都会影响到适应措施的可行性。

④社会发展。气候变化将导致区域和国家间的发展不平衡，影响到不同人群的利益和贫富分化，也会对采取适应措施的决策产生影响。

⑤国际关系。适应对于发展中国家更为紧迫，但普遍缺乏必要的资金与技术。发达国家作为全球温室效应的主要责任人，理应承担向发展中国家提供资金和技术，帮助发展中国家提高防御和应对全球气候变化能力的责任。

⑥气候变化的程度。气候变化的速率或程度较小，自然系统和人类系统都能够适应；变化速率太快或变化程度过大，则难以适应。

（2）气候变化的阈值确定

气候变化影响的阈值是一个尚待研究的问题。欧盟提出把全球升温 2℃ 作为气候变化的危险水平，认为有可能超出自然系统和人类系统的适应能力，产生灾难性的后果。由于气候变化对不同地区、不同领域、不同产业和不同物种的影响不尽相同,气候变化影响的阈值有很大的差异。在采取适当的适应措施后,这些阈值还会发生变化。需要针对不同类型的受体分别研究其阈值,才能综合估算整个生态—社会—经济系统的气候变化阈值。

3.5 山西省适应气候变化的目标

3.5.1 适应气候变化的总体目标

针对气候变化的影响,从减缓的角度,国际社会普遍以发展低碳经济,建设低碳社会作为实施减缓对策的目标。但是从适应的角度,目前还没有提出明确的目标。2010 年 10 月,联合国粮农组织发表的报告指出,发展中国家需要发展"气候智能型"农业。2010 年世界银行发布的报告提出要建立"气候智慧型世界"。由此,我们可考虑把发展气候智能型经济和建设气候适应型社会作为适应对策的总体目标。减缓和适应的终极目标都是人类社会的可持续发展。

3.5.2 中国适应气候变化战略提出的主要目标

2013 年 11 月 18 日,由国家发改委等 9 个部委局联合发布的《国家适应气候变化战略》提出了到 2020 年适应工作的主要目标:

(1)适应能力显著增强。主要气候敏感脆弱领域、区域和人群的脆弱性明显降低;社会公众适应气候变化的意识明显提高,适应气候变化科学知识广泛普及,适应气候变化的培训和能力建设有效开展;气候变化基础研究、观测预测和影响评估水平明显提升，极端天气气候事件的监测预警能力和防灾减灾能力得到加强；适应行动的资金得到有效保障，适应技术体系和技术标准初步建立并得到示范和推广。

（2）重点任务全面落实。基础设施相关标准初步修订完成，应对极端天气气候事件能力显著增强；农业、林业适应气候变化相关的指标任务得到实现，产业适应气候变化能力显著提高；森林、草原、湿地等生态系统得到有效保护，荒漠化和沙化土地得到有效治理；水资源合理配置与高效利用体系基本建成，城乡居民饮水安全得到全面保障；海岸带和相关海域的生态得到治理和修复；适应气候变化的健康保护知识和技能基本普及。

（3）适应区域格局基本形成。根据适应气候变化的要求，结合全国主体功能区规划，在不同地区构建科学合理的城市化格局、农业发展格局和生态安全格局，使人民生产生活安全、农产品供给安全和生态安全得到切实保障。

3.5.3 山西省适应气候变化战略的主要目标

根据《国家适应气候变化战略》和《山西省应对气候变化办法》的精神，建议山西省提出到 2020 年适应气候变化的主要目标：

（1）适应能力建设取得显著效果

适应气候变化和极端天气气候事件的自救互救知识普及进课堂、进媒体、进网络，公众对于适应气候变化的认知率达到 80％以上，适应技术培训和能力建设在各部门普遍开展；多渠道筹集资金，建立省市两级适应基金，适应行动的资金得到有效保障；气候变化及其影响的评估和适应机制研究水平显著提升，干旱、暴雨洪涝、风雹、热浪、低温、雾霾、干热风等主要极端天气气候事件的监测、预测和预警能力明显提高，完成所有社区和企事业单位针对重大极端气象事件的预案编制并建立起应急响应机制，防灾减灾能力明显增强；主要领域和敏感产业的适应技术体系和技术标准初步建立并示范推广，农业、水资源、生态系统、人体健康、敏感产业、黄土高原和山区、大中城市和贫困人群对于气候变化的脆弱性明显降低。

（2）重点领域的适应任务全面落实

基础设施和重大工程的技术标准针对气候变化影响的修订基本完成；农业、林业、水利和第二、三产业敏感行业普遍开展应对气候变化的布局、结构与技术的调整；森林覆盖率提高到25%，北部沙化退化草地植被状况明显改善，西部黄土高原的水土流失明显减轻；农村安全饮水得到根本解决，工农业与生活节水技术全面普及，境内所有河流实现水资源按流域统一管理，除特大旱年外，汾河等主要河流不再断流，地下水位止跌回升；适应气候变化的健康保护知识普及率达到90%以上，针对媒传疾病和气象敏感疾病的监测预系统和针对脆弱人群的应急服务体系在大中城市的社区普遍建立。

（3）主体功能区的区域适应格局基本形成

根据山西省主体功能区规划，基本形成城市化地区、主要农业区和生态保护区的适应格局：初步建立新建扩建城市及其功能区规划进行气候论证的制度，初步完成城市生命线系统工程技术标准适应气候变化的修订；基本完成主要农业区的产业与作物种植结构域布局的适应性调整，初步构建区域性农业适应气候变化的技术体系，农产品供应和质量安全保障水平明显提高；生态保护区的植被和生物多样性状况得到改善，水土保持和净化环境等各项生态服务功能进一步增强。全面实现“美丽山西”的发展目标。

第4章

主要领域适应气候变化的重点任务与行动方案

当前，中国发展进入新阶段，改革进入攻坚期和深水区。山西省进入工业化跃升期、城镇化加速期、节能环保攻坚期、基础设施建设加大期，将为转型跨越发展和全面实现小康目标提供难得的历史机遇。但山西省产业结构单一化、初级化、重型化问题仍较突出，经济发展方式比较粗放，城乡区域发展不协调，居民收入水平不高，生态环境脆弱，水资源日益短缺，加上气候变化的负面影响，严重制约着山西省转型跨越发展战略的实施。

虽然气候变化对于人类社会、经济和生态环境都产生了广泛和深刻的影响，但由于暴露度与脆弱性和人类活动干预方式与程度的差异，不同产业对于气候变化的敏感程度和所受到的影响很不相同，适应气候变化的工作要突出重点，兼顾一般。本项研究将针对各领域气候变化的影响和适应工作基础，制定实施重点适应任务，并建议选择有条件的地区开展试点和示范，推广有效的做法和成熟的技术，逐步引导和推动各项适应工作深入开展。

4.1 农业领域

4.1.1 农业适应气候变化的机制

农业是山西省的基础产业，不但为全省人民提供基本的食物来源和部分生活资料，而且具有与自然生态系统相辅相成和不可替代的生态服务功能，其涉农产业还提供了目前最大量的就业机会。目前山西省农业正在加速产业化、集约化、规模化和现代化的步伐，但总体发展水平仍落后于全国平均水平，粮食等主要农产品不能充分自给。

气候变化对山西省农业的有利影响主要是热量资源增加和二氧化碳浓度的增高提高了作物生产潜力，负面影响主要是降水减少和极端天气、气候事件的危害加大。针对农业生产主要在露天条件下进行和以生物为生产对象的特点，农业适应气候变化的核心是充分利用生物自适应与适度人类干预两类适应机制的有机结合与优化配置。前者包括基因、个体、群体和农业生态系统等不同层次，适应成本较低且比较稳定，但适应能力有限。由于当前的气候变化特别是极端事件往往超过生物的自适应能力，必须辅之以必要和适度的人类干预并付出额外的成本。人为的主动适应措施包括增强受体适应能力和改良局部生境，两类适应措施同样必须统筹配置，有机结合，力争以较低的成本获得较大的适应效果（见图 4.1）。

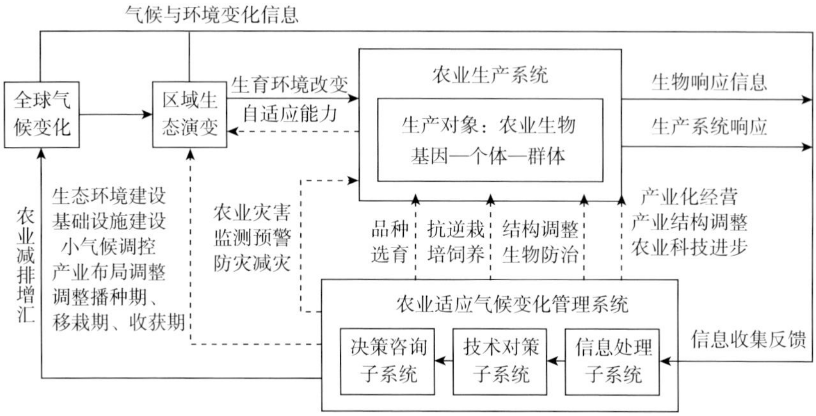

图 4.1　农业系统适应气候变化的技术途径示意图

（图中虚线为适应技术途径，细实线为信息流，粗实线为减缓措施）

4.1.2　重点任务

4.1.2.1　加强农业基础设施建设，加速农业的产业化和现代化

加强农田基本建设、农田水利、水土保持、土壤培肥改良、生态环境综合治理等农业生态工程，以及粮食仓储、农产品贮藏、加工与流通等农业基础设施建设，增强农业系统应对气候变化的物质基础与适应能力。促进土地流转和适度规模经营，推进农村合作经济组织的发展，加强农业的社会化服务体系，提高农业的产业化水平，加快农业机械化与现代化进程。在经营管理层面上建立适应气候变化的响应机制。

4.1.2.2　农业结构与作物布局的调整

山西省畜牧业产值仅占农林牧渔产值的 24.5%，不足发达国家和地区比例的一半。未来随着人口城市化和生活水平的提高，对动物食品的需求将迅速增长。为此，应适当扩大饲料作物的生产。降水减少使北部和山区的草地退化，需要提高秸秆和粮食加工副产品的利用率以弥补牧草的不足。为维护草地的可持续利用，应提倡夏秋刈割，冬春舍饲的季节性放牧。

随着气候变暖，玉米可向北扩种，马铃薯种植向更高海拔转移，北部的春小麦将进一步压缩。谷子和豆类等粮食是山西的传统优势作物，在确保平原地区以小麦、玉米为主的粮食作物高产的同时，利用谷子耐旱耐热的优点，在干旱缺水的山区和黄土高原保持一定面积，推广杂交谷子，努力提高单产。随着气候变暖，中南部地区可适当提高复种指数，但晋中等小麦收获后热量不能满足复种玉米需要的地区可种植短日期的豆类作物。随着黄淮地区气温升高和降水增多，晋西南种植棉花的困难将增大，地势较低的棉田可适当调减。

4.1.2.3 作物品种和播期的调整

随着生长季积温的增加，玉米和其他春播作物可以生育期更长的品种替代现有品种。为减少盲目性，应进行更加细致的农业气候区划和热量保证率的计算分析，防止跨区引种和使用生育期过长的品种。随着秋冬季的变暖，可适度降低小麦品种对冬性的要求。二氧化碳浓度增高有利于提高作物生产潜力，针对气候暖干化趋势，要调整育种目标，加强对耐旱耐热和高光效品种的选育。

在灌溉水源有保证或土壤墒情较好的地区，随着气候变暖，春播期可适当提前。但对于因降水减少春旱加重的旱地，提早春播将加剧卡脖旱的威胁，需适当推迟，采取提前整地备肥并准备不同熟期的两套种子，等雨抢种的方法。由于冬前积温增加和品种改变，冬小麦的播种期应根据秋季变暖程度适当推迟。春季变暖使得喜温蔬菜也可以提早移栽，更好地满足市场需求，但由于气候波动加剧，需要准备防霜冻措施和分批移栽。

4.1.2.4 施肥、施药等田间作业和病虫草害防治的调整

气温升高加剧了化肥和农药的分解与挥发，除改进化肥、农药品种和剂型外，田间作业要避开高温时段并避免超量施用。提倡配方施肥、缓释化肥和与有机肥配合施用。根据病原、害虫和杂草生存和传播规律的改变，调整防治时期和重点对象。加强检疫和监测，预防外来有害生物的入侵和蔓延。

4.1.2.5 耕作栽培技术的调整

针对气温升高加快土壤有机质降解，提倡秸秆粉碎还田和施用有机肥。为避免影响播种质量和幼苗生长，秸秆还田后需要翻入土壤或播后镇压。气候变暖使得冬旱加重，冬小麦除确保适时浇灌冻水外，越冬期间要在气温接近 0℃ 时加强镇压以弥缝和保墒提墒。气候变暖加快了作物的发育进程，因此蹲苗、追肥、灌溉、整枝等栽培措施要随着发育阶段的改变而调整作业时间。

4.1.2.6 加强农业气象灾害的防灾备灾工作

针对气候变化带来的农业气象灾害新特点，加强监测和预警，努力提高预报准确率，充分利用手机、网络、广播、电视、电话等现代信息手段，力争把预警信息及时传递到所有农户和涉农企业。

针对极端天气气候事件发生的不确定性，加强防御农业自然灾害的物质与技术储备，尤其是农区储备适当数量的短日期救灾作物种子和草食动物饲养储备必要数量的越冬饲草料。

扩大农业灾害保险试点和承保范围，增加灾害险种，探索和逐步推广天气指数保险模式。

4.1.2.7 畜牧养殖技术的调整

针对降水减少导致北部草地和部分山区植被退化，草食动物饲养要加强越冬饲草储备。针对夏季变热，修订规模畜禽场畜禽舍的通风与隔热标准，加强疫病防治和检疫。与内地其他省份相比，山西省由于缺粮，对于猪鸡等耗粮型动物的养殖不具优势，但相对凉爽的气候有利于草食动物的饲养，针对目前牛羊肉和牛奶严重供不应求的现状，应在有条件的山区和高原适度扩大草食动物饲养。

4.1.3 行动方案

针对农业领域适应气候变化的重点任务，提出该领域适应气候变化的行动方案，具体行动方案的内容见表 4.1。

表 4.1 山西省农业领域适应气候变化行动方案

行动方案	目的	主要内容
农田基本建设工程	控制水土流失，提高土壤肥力和抗旱涝灾害能力	坡耕地除退耕外全部改造为梯田或实行水平耕作；平原农田平整土地实现园田化；实施沃土工程，遏制肥力下降趋势；配套完善现有农田水利工程，在干旱缺水山区普及集雨设施与集雨补灌技术；安装农田节水灌溉设施，普及节水灌溉技术
调整种植与品种结构及布局	充分利用生物自身适应能力，规避不利条件	开展农业气候资源细线条区划，研究确定气候变化情景下各种作物及不同熟制的合理界限，完成主要农作物适宜种植区域调整方案

续表

行动方案	目的	主要内容
农业生物灾害监测预警与防控	提高对各种农业生物灾害的预警和防控能力	建成覆盖全省的农业生物灾害自动监测网络和重大生物灾害的预警系统；初步构建重大植物病虫害和动物疫病的防控减灾体系
农业气象灾害监测预警与防控	提高对各种农业气象灾害和极端天气气候事件的预警和防控能力	建立山西省主要农业气象灾害（特别针对干旱、洪涝和低温灾害）和极端天气气候事件监测预警系统，构建山西省农业气象防灾减灾技术体系
调整畜牧养殖技术	适应山西省气候特点，适当扩大草食动物养殖规模	山西省凉爽的气候条件有利于草食动物的饲养，针对目前牛羊肉和牛奶严重供不应求的现状，应在有条件的山区和高原适度扩大草食动物饲养

4.2 水资源领域

4.2.1 重点任务

4.2.1.1 全面实行水资源按流域统一管理和优化配置

针对气候暖干化加剧干旱缺水，逐步实行对全省所有流域的水资源统一管理，合理分配上中下游和左右岸的水量，严禁超量拦截使用地表水和抽取地下水。合理分配工业用水、灌溉用水、城市公共用水、生活用水和生态用水。

4.2.1.2 加强水利工程建设与管理

在有条件的山区修建拦蓄工程，针对部分中小型水利工程年久失修的状况，加强灌区设施的维修加固，加强农田水利配套工程建设。加强缺水地区农村饮用水源建设，确保到

2020年全部解决山区人畜饮水困难问题。

4.2.1.3 建设节水型经济和节水型社会

在人均水资源占有量为250多立方米的条件下，要确保山西省社会经济的可持续发展，必须采取最严格的节水措施，建设节水型经济和节水型社会。具体措施包括：调整产业结构，压缩和淘汰高耗水产业和企业；改革工艺，提高单位水量的产出水平；所有用水户安装水表，调整实行梯级水价；全面普及生活节水器具；加强输水管道管理，严防跑冒滴漏；逐步实现城市废水全部处理回收利用。

4.2.1.4 加强农田水利建设和推广旱作节水农业技术

结合社会主义新农村建设开展土地整理，建设高标准园田化农田。因地制宜推广管灌、滴灌、细流沟灌、波涌灌溉、不充分灌溉等节水灌溉方式和地膜覆盖、秸秆覆盖、沟植垄盖、蹲苗锻炼、耕作保墒等节水栽培技术。山区和黄土高原的旱地推广修筑水窖集雨补灌。引导农村合作经济组织统一管理、合理分配、节约使用灌溉水源。

4.2.1.5 加强水环境保护

针对水温升高和面源污染造成水体富营养化问题，规范农田施肥作业，严禁企业超标排放。加强水质监测和预警，制定应急预案和响应对策，确保饮用水源的安全和主要水体水质的继续好转。

4.2.1.6 开展人工增雨作业

在发生农业干旱期间利用有利天气实施人工增雨作业。做好统筹协调，避免相邻地区无序争夺空中水汽资源。

4.2.2 行动方案

针对水资源领域适应气候变化的重点任务，提出该领域适应气候变化的行动方案，具体行动方案的内容见表 4.2。

表 4.2 山西省水资源领域适应气候变化行动方案

行动方案	目的	主要内容
抗旱体系建设	提升全省抗旱减灾综合能力，保障人畜饮水和粮食安全，促进节水型社会建设	根据水资源潜力实施人工增雨工程和雨水收集利用工程；根据水资源变化趋势调整产业结构和布局，发展节水型产业；安装农田节水灌溉设施，普及节水灌溉技术
防洪体系建设	减轻洪涝灾害影响，保障人民生命财产安全，维护经济社会发展大局稳定	建立完善山洪地质灾害监测预警系统和群测群防体系，加强河道整治、堤防加固和病险水库除险等工作，修订水利工程防洪标准与工程规划
水环境治理与水生态系统保护	保障人畜饮水安全和水生态系统安全	开展气候变化影响水质安全的监测预警工作，在因气温升高水污染加重的地区，调整水质标准与排放标准，加强污染源控制与水环境综合治理；加快饮水安全工程建设，编制应对高温天气诱发水污染事件的应急预案
建立水资源适应性管理体制	实现应对气候变化影响的适应性管理	根据气候变化对水资源和水环境的影响，补充、修订和完善水资源开发利用与水环境保护的地方法律法规，编制实施细则，健全水资源与水环境的统一管理机制

4.3 林业领域

4.3.1 重点任务

4.3.1.1 调整林业生态工程的布局和树种

根据气候变暖和降水的变化，适当调整各项重大林业生态工程的布局；选用相对耐旱的树种，同时注意避免单一树种带来的风险。

4.3.1.2 调整造林抚育技术

随着林木物候的变化，在干旱缺水不太严重的地区，可适度提前春季造林时间；但在干旱缺水严重地区则要抓住雨后有利时机抢墒植树。气候变暖将加快林木发育，幼林抚育和成林间伐、更新周期也需要适当调整。

4.3.1.3 加强森林防火

气候暖干化增大了春秋干燥季节的森林火险，要结合最新气候资料对各地区的森林火险重新评估。要综合运用遥感、航巡和地面观测的手段，加强对森林火灾与火险的监测和预警，加强森林防火专业队伍建设，健全森林防火责任制。适度调整以提前春季防火期，并延后秋季防火期。合理规划由耐火树种组成的生物防火隔离带和空地防火隔离带。在非防火期对枯枝落叶进行计划烧除。

4.3.1.4 加强森林虫鼠害防控

气候暖干化导致森林虫害与鼠害的危害加重和提前。可根据各类森林有害生物发育和活动规律的变化，加强对林业有害生物的测报工作，适度调整防治时期和生物防治的天敌释放期。加强检疫，严防外来有害生物的入侵和蔓延，尤其要确保种苗产地的严格检疫。

4.3.1.5 加强生物多样性保护

气候变化和不合理的人类活动导致生物多样性迅速减少。可继续新建和扩建自然保护区和野生动植物保护区；针对气候变化对重点保护珍稀动植物生境的影响，适度调整保护区的选址，改善濒危动物栖息地环境并在发生重大灾害时提供食料和饮水点。

4.3.1.6 综合防治晋西北地区的沙质荒漠化

调整晋西北草地畜牧业布局，实行冬春禁牧，在坚持草畜平衡的前提下进行季节性放牧以减轻草场负载。及时防治草地虫鼠害，根据气候变暖程度调整草地防火期，加强草地火灾的监测、预防和扑救。采取人工飞播和围栏封育等措施改良草地，促进植被恢复。利用有利时机栽植沙生植物以覆盖和固定沙丘。严格制止滥垦、滥挖等破坏草地的行为。

4.3.2 行动方案

针对林业领域适应气候变化的重点任务，提出该领域适应气候变化的行动方案，具体行动方案的内容见表 4.3。

表 4.3 山西省林业领域适应气候变化行动方案

行动方案	目的	主要内容
调整森林生态工程规划布局	提高森林生态工程效益	根据气候变化情景适度调整天然林保护、退耕还林、晋北晋西北防风固沙、太行山吕梁山水土保持等生态工程的布局与树种结构，提高森林生态系统的适应能力，发挥森林生态工程的综合效益
适应性林业技术体系构建	提高树种的气候适应性	根据气候变化趋势调整林种布局、林分结构、造林时间和密度，提高树种适应气候变化的能力；加强苗圃幼树防冻防旱和抚育，提高造林成活率与优势树种的气候适应性；对现存人工纯林进行适度改造，增强人工林抗御极端天气气候的能力
加强森林火灾监测预警防控体系建设	减轻火灾对森林的危害	开展气候变化对森林防火工作的影响研究，根据气候变化情况适当调整防火期与火险标准；强化极轨气象卫星遥感技术在森林火险监测中的应用；加强森林火险气象等级预报技术研究；加强森林防火预警系统、基础设施与林火阻隔系统建设；配备先进的现代化灭火器械；有计划地清理林下可燃物
加强林业有害生物监测预警防控体系建设	减轻林业有害生物对森林的危害	开展气象条件和气候变化对林业有害生物发生发展的影响研究；加强林业有害生物发生气象等级预报预警工作；强化林业有害生物监测防控力度；根据气候变化情况适度调整防治期与天敌培育释放期，推广林业有害生物生态防控技术

4.4 能源领域

4.4.1 重点任务

4.4.1.1 调整供热与制冷耗能

随着气候变暖，提倡智能化冬季供热，即按照气温变化调节供热强度，以达到既节能又舒适的效果。适当加大工作场所夏季制冷的覆盖面，重点保证发生热浪期间的制冷耗能。

4.4.1.2 适当压缩火力发电规模，大力发展可再生能源生产

随着山西省煤炭产能的逐步下降，应适当压缩火力发电规模，在可再生能源开发方面做些文章，可适度调整水力发电的选址和规模，根据太阳辐射与风力的变化，大力发展风能和太阳能生产，调整完善风力发电与太阳能发电的工程技术标准和布局。

4.4.1.3 加强极端天气气候条件下供电设施的保护

调研山洪、雷电、冻雨、浓雾、高温等极端天气及暴雨引发的滑坡、泥石流等地质灾害的变化，调整高压线塔、变电站等供电设施的选址、建造与防护标准，调整高压线塔和电杆的间距、线路走向和电线张力，特别注意避开山口、迎风坡和山顶等易受山洪、冻雨和雷电袭击的危险地段。全面编制供电设施应对极端天气事件的应急预案，研究和采取有效的应急防范和抢救措施。

由于设施故障或夏季高温热浪超负荷用电导致的停电事故对于现代城市高层建筑的居民的短期生存已构成严重威胁，大中城市的供电系统和高层建筑都应编制应对停电事故的应急预案，确保医院、供水、政府和军事机关等重要单位的优先供电或备用电源保障。

4.4.1.4 加强特殊天气条件下煤矿事故的防范

气候变化导致瓦斯爆炸与火灾等煤矿事故发生规律的改变，要加强对高温、低压等特殊天气条件下煤矿瓦斯浓度与火

险的监测和预警，加强井下强制通风，减少矿难事故的发生与损失。

4.4.2 行动方案

针对能源领域适应气候变化的重点任务，提出该领域适应气候变化的行动方案，具体行动方案的内容见表4.4。

表4.4 山西省能源领域适应气候变化行动方案

行动方案	目的	主要内容
保障能源系统安全的中长期规划布局	保障能源系统安全	根据气候变化引起能源需求的改变，调整能源工程建设规划与供需方案；在发生因气候因素超荷载引发的供电突发事件时，通过建立有效的电力系统应急预案及救援体系，加强电力部门的负荷调节管理，健全电力安全应急机制
修订能源与建筑工程技术标准及住宅取暖降温耗能标准	促进节能减排与降低工程与建筑成本，提高室内舒适度与工作效率	根据气候变化对城镇住宅取暖、降温耗能的影响，调整修订能源工程与建筑的隔热性能标准
大力开发风能、太阳能等可再生能源	提高可再生能源的利用水平与设施运行寿命	根据气候变化引起的风能、太阳能资源时空分布格局的改变，调整风能、太阳能建设规划与布局，修订设计标准；根据气候变化条件下的资源潜力，适度发展其他可再生能源
建立极端事件预警和安全保障系统	保障能源系统安全运行和正常的生产生活秩序	建立极端事件预警和安全保障系统，保障人民生命财产安全；针对能源生产、运输、储存、使用等各个环节开展极端事件预警和应急服务

4.5 人体健康领域

4.5.1 重点任务

4.5.1.1 加强媒传疾病的监测与防控

气候变暖导致危害人体健康的病原传播提前并向更高纬度和海拔蔓延。要在调研主要媒传疾病发生动态变化的基础上，调整防控重点对象和重点防控期，尤其要加强贫困农村的公共卫生建设和饮水安全保护。

4.5.1.2 加强夏季防暑降温

近年来高温热浪发生频率明显增大，尤其是晋南的夏季。要根据气候变化修订工作场所夏季劳动保护的标准，改善居民住宅建筑的通风和建材的隔热性能。

4.5.1.3 加强大气污染的综合防治

风速减弱是城市雾霾天气增加和大气污染加重的自然成因。要加强对雾霾天气的监测、预报和预警，编制严重大气污染天气的应急预案。全面盘查大气污染物的排放源，关停并转严重污染的企业，严格限制企业与机动车的排放。加强城市绿地和水体的建设与保护。

4.5.1.4 加强极端天气气候事件的人身安全保护

气候变化导致的极端天气气候事件危害加大增加了对人身安全的威胁。在加强极端气象事件监测、提高预报准确率的基础上，充分运用现代信息技术，建立能够及时传递到室外人群和室内脆弱人群并针对极端事件危害人体健康的预警系统，使心脑血管和呼吸道等气象敏感疾病的患病率和死亡率显著下降。

4.5.1.5 调整食物营养结构

气候变化，特别是二氧化碳浓度增高将改变农产品的营养成分结构，并改变人们的食欲和消费习惯。要根据气候变化的影响调整食物营养的指导与推荐，尤其是要科学指导中小学生营养餐的结构。

4.5.2 行动方案

针对人体健康领域适应气候变化的重点任务，提出该领域适应气候变化的行动方案，具体行动方案的内容见表 4.5。

表 4.5 山西省人体健康领域适应气候变化行动方案

行动方案	目的	主要内容
加强气象条件与人体健康关系研究，建立气候变化对人体健康影响的监测预警系统	通过早期监测预警，为减轻气候变化对人体健康的影响提供决策依据	选择若干县(市)，针对气候变化影响健康的关键问题，建立气候变化对人体健康影响的县(市)级监测预警系统，开展气候变化影响人体健康的中长期预报与效果评估工作
典型脆弱区与气候变化相关疾病的防控适应技术示范	增强典型脆弱区对气候变化敏感的传播性疾病(流感、疟疾等)的防控能力	对流感、疟疾等对气候变化敏感的疾病，针对现有疫区和潜在风险区的脆弱人群，开展适应技术示范，加强媒介监控、感染筛查、病原体检测、预防和治疗等技术的实施与示范

续表

行动方案	目的	主要内容
城市热浪预警与防护体系建设	减轻热浪对城市居民健康的危害，提高舒适度与工作效率	在县级以上城市建立热浪预报预警系统，编制热浪应急预案，推广社区环境调控、居室温度调节、营养保健和调整工作时间等适应措施
开展极端天气气候事件对脆弱人群影响的心理干预	减轻极端事件对人群的心理伤害与消极影响	建立极端天气气候事件预警系统；编制极端天气气候事件和巨灾的社会干预和心理干预行动指南，并在社区农村试点

4.6 基础设施与重大工程领域

4.6.1 重点任务

4.6.1.1 调整城市生命线系统的布局与防护标准

针对气温、土温、冻土深度、降水、风速等的变化，调整城市供水、供电、供热、通信等生命线系统的布局和防护、维修标准。编制应对城市生命线系统事故的应急预案，尽量降低因极端天气气候事件引发的生命线系统次生灾害及其损失。

4.6.1.2 调整重大水利工程的布局与运行

根据降水与径流的变化调整山区水库建设的布局，根据主要河流上游来水的变化调整调水工程的格局。对于干旱缺水严重地区长期蓄不满水的水库，在补充最新气候资料重新计算分析评估和利用现代信息技术确保实时传递水文信息的基础上，经过严格的论证可适度提高汛限水位。

4.6.1.3 输气输油管道建设工程的调整

气候变化改变了土温与冬季冻土的深度，使管道内燃油和燃气的压力和流动性发生改变。降水量及其季节分布的变化也会影响到土层结构和输油输气管道的承压能力。如不及时调整管道埋深和抗压抗缩膨技术标准，一旦发生破损泄漏，将酿成重大灾难。

4.6.1.4 调整交通工程建设标准

随着气温升高，要调整公路路面沥青标号，防止夏季高温天气沥青熔化造成轮胎打滑。高寒地区随着冻土变浅，要修订公路和铁路路基建设的标准。因气候变化山洪和泥石流灾害加重的山区，要调整公路和铁路的走向或防护设施。雾霾频发的路段要增加警示装置并降低限行车速。

4.6.1.5 加强极端天气下的交通安全管理

极端天气频繁对高速交通系统的威胁加大，需要全面编制极端天气下的交通应急预案，建立完善的应急响应系统。对于雾霾、洪水、冰雪等的常发路段，要规划建设绕行路段和受阻人群的应急救援系统，以减轻交通阻塞的影响。

4.6.2 行动方案

针对基础设施与重大工程领域适应气候变化的重点任务，提出该领域适应气候变化的行动方案，具体行动方案的内容见表 4.6。

表 4.6 山西省基础设施与重大工程领域适应气候变化行动方案

行动方案	目的	主要内容
城市生命线系统的调整与维护	保障城市供水、供电、供热、通信等生命线系统的安全运转	针对气温、土温、冻土深度、降水、风速等的变化，调整城市供水、供电、供热、通信等生命线系统的布局和防护、维修标准；编制应对城市生命线系统事故的应急预案，尽量降低因极端天气气候事件引发的生命线系统次生灾害及其损失
太行山、吕梁山绿化工程	通过恢复和扩大森林植被，以提高山区的水土保持能力，并兼有较好的经济效益	继续在太行山区域开展退耕还林、荒山造林等工程，封山育林，积极护林，有效涵养太行土石山区珍贵的水资源；在吕梁山脉及周边地区建设天然林保护、退耕还林、荒山造林等工程，有效改善黄河东岸严重的水土流失状况，使这一区域的生态环境得到显著改善
汾河流域生态环境修复与治理工程	开展汾河、桑干河等6条重要河流及15条中小河流治理	汾河流域重点实施太原段综合治理三期工程及风峪河、南沙河、北沙河等河流生态修复工程，续建入汾排污口水质监测工程；桑干河流域主要通过万家寨引黄北干线生态补水，逐步改善水生态环境；滹沱河、漳河、沁河流域主要实施源头治理、水源涵养林建设、饮用水源地保护、湿地生态修复、城镇废污水处理等修复和保护工程。
抗旱应急工程	形成"两纵十横、六河连通，纵贯南北、横跨东西，多源互补、保障应急，丰枯调剂、促进发展"的"大水网"	以纵贯南北的黄河北干流和汾河两条天然河道为主线，以建设覆盖全省六大盆地和主要经济中心区的十大骨干供水体系为骨架，并通过连通工程建设，将黄河、汾河、沁河、桑干河、滹沱河、漳河六大河流及各河流上的大中型水库相连通

4.7 城市发展与管理领域

4.7.1 重点任务

4.7.1.1 科学规划城市群和城市新区的布局和功能

山西省正处于农村人口迅速城市化的发展阶段。城市的建设与发展不能超出资源承载力与环境容量，否则会造成严重的后果，不但削弱城市发展的活力，甚至有可能导致城市的衰落。气候变化改变了区域资源禀赋和环境状况，必然影响到城市的建设与发展。在山西，首先要考虑水资源的承载能力，在水资源严重不足的地区不宜扩建和新建城市。在洪涝、泥石流频发的地区也不宜新建城镇。

城市规模过大会带来大气污染不易扩散稀释、交通拥堵、固体废弃物难以处理等一系列“城市病”。因此，发达国家目前都不主张无限扩大城市规模，而是提倡建设规模适度布局合理的城市群。

一个城市内部的功能区布局也要考虑气候特征及其变化。居民住宅区、文教区和商业区都应建在市中心到上风向，排放污染物较多的工业区应布局在下风向并远离市区。靠近河流城市的重要建筑还需要与易发洪水的河道保持一定距离。

4.7.1.2 加强城市生态环境建设

城市建设不能一味追求短期经济利益，要按照城乡一体化的要求规划城市的生态建设，保留一定规模的绿地和水体，创造适宜人居的生活环境。但因噎废食,砍光郊区农业,把农田全部用来植树的做法也不可取。由于中国是人多地少的国家,平原面积十分有限,不可能像俄罗斯和加拿大那样建成森林城市。应参考西欧建设紧缩型城市的做法,如法国巴黎的经验是要保持城市空间、生态空间、农业空间的平衡。城市郊区的农田与园林各有其生态服务功能和社会文化功能,彼此不能相互替代。气候变化对城市环境带来了挑战,加强城市生态建设势在必行。

城市生态建设首先要加强市区绿地与水体的建设,尽量少建水泥地面的大广场,见缝插针植树种草,低层楼房的墙面尽量种植攀缘植物,屋顶和阳台也尽量种植盆栽植物与花卉。北方城市被掩埋的旧河道尽可能恢复。

4.7.1.3 加强城市减灾管理

气候变化导致近年来局地暴雨内涝、雾霾污染、高温热浪等城市灾害频繁发生,加强气候变化背景下的城市减灾势在必行。

局地暴雨内涝在大城市的危害尤其严重,为此,雨季前必须疏通城市排水河道,消除行洪障碍。由于 20 世纪 50 年代照搬苏联标准,中国城市排水管道建设标准明显偏低。随着区域经济发展水平的提高,要逐步改造。新建城市和城市新区建设要对原有的排水工程技术标准进行修订。内涝频发的城市要尽量少建或不建低槽路面和下凹式立交桥。发生暴雨时对现有的低洼路面设置警示标志。有条件的城市可利用部分地下设施蓄积雨水。

加强城市极端天气气候事件的监测、预报和预警,全面编制各类气象灾害的应急预案。发生重大危险天气时要利用市内电子屏、手机短信、广播、电视等多种手段向公众发布警报并提示防范措施。

4.7.1.4 加强城市适应气候变化安全社区建设

社区是城市的基层细胞，城市适应变化和安全减灾要落实到每个社区。要有计划有步骤地组织城市社区适应气候变化安全社区建设活动。在社区居民中广泛普及适应气候变化和应对天气气候事件的知识和技能。作为社会主义精神文明建设的组成部分，要逐步建设城市社区应对气候变化和安全减灾的志愿者队伍，主要有青少年学生和刚退休不久的人员组成。主要活动包括针对社区居民的适应气候变化与安全减灾知识技能普及，社区生态文明建设活动，极端天气气候事件的应急救援演练和灾害发生时协助专业部门的救援行动，针对气候变化敏感脆弱人群的服务活动等。

4.7.2 行动方案

针对城市发展与管理领域适应气候变化的重点任务，提出该领域适应气候变化的行动方案，具体行动方案的内容见表4.7。

表4.7 山西省城市发展与管理领域适应气候变化行动方案

行动方案	目的	主要内容
气候变化对城市发展影响评估与规划调整	通过调整发展规划、优化布局，提高城市适应气候变化的能力与整体功能	评估气候变化对城市气候、生态环境、基础设施、服务功能、资源承载力及环境容量的影响，提出调整规划、适应气候变化的途径与对策

续表

行动方案	目的	主要内容
适应气候变化的城市减灾管理系统建设	提高城市应对极端天气气候事件的能力	评估气候变化对城市突发事件和灾害发生情况的影响，提出未来气候变化情景下健全城市减灾管理的对策与方案
根据气候变化情景修订环境质量地方标准	为在气候变化背景下更好地保护环境提供依据	评估气候变化对城市生态功能、大气环境、水环境、污染治理等方面的影响，确定脆弱性、关键性环境要素与区域，修订有关环境质量地方标准
适应气候变化的绿色和谐社区建设	提高社区适应气候变化能力，改善社区环境质量和安全水平	研究气候变化对人居环境、社会生活与行为方式的影响，建设避灾场所，加强安全管理，改善社区环境，提高市民应对气象灾害与突发事件的能力，建立广泛参与机制，加强减灾志愿者队伍建设与技能培训

4.8 社会经济发展与民生领域

4.8.1 重点任务

4.8.1.1 工业敏感产业的适应气候变化调整

对气候变化敏感的工业产业带有高暴露、高消耗、高污染、高依赖等特征。除前述交通运输业、采矿业、能源产业和建筑业适应气候变化的调整措施外，其他工业敏感产业也存在一系列的调整问题。

造纸、冶金、纺织、皮革、化工、食品等产业在水资源日益短缺的背景下，必须采用节水工艺，提高用水效率。难以提高的产业将被压缩甚至淘汰。

因气候变化引起消费需求改变，夏令商品、安全防护产品、节能节水产品、空气净化器，以及医药品等的生产可以扩大，冬令商品、高耗水和高耗能产品的生产会受到抑制。服装、建筑装修等产业也将发生调整。

气候变化导致农林产品产量和优势产地的变化，会对木材生产与加工、农产品加工、纺织、食品加工等产业的发展产生影响，如木材生产和纺织业会被压缩。

由于提倡低碳经济和循环经济，节能产业、环保产业、可再生能源和废弃物利用产业将得到发展。

4.8.1.2 商贸和服务业适应气候变化的调整

产业结构调整和优势产地的改变必然会影响到国内外贸易的格局，应及时做出评估和调整对策。

气候变化引起食欲、出行和清洁等消费行为的改变，加上提倡低碳生活和绿色消费，将对餐饮、洗浴、交通服务、服装等产业的发展产生重要影响。

上述各次产业的调整最终将影响到金融、投资、保险等第三产业的发展，如投资方向将向低碳、环保产业倾斜，灾害保险也将得到较大发展。

4.8.1.3 旅游业适应气候变化的调整

针对气候变化改变自然物候和许多地方的气候景观和自然景观，需要调整各地的旅游开放期和活动项目。如冰雪体育和景观旅游向更高纬度和海拔转移，利用山西相对凉爽的气候优势大力开发避暑旅游，特别是利用山区和森林。要加强气候变化背景下的历史文化遗产保护，如监测云冈石窟所在地区的空气湿度和酸度，采取适当的保护措施。加强对木质建筑古建筑的防火、防虫和防腐等。

4.8.1.4 气候变化敏感脆弱地区的生计保障

山西省气候变化敏感脆弱地区主要是黄土高原沟壑区和部分严重干旱缺水的土石山区。对于治理成本过高，基本失去生存条件的地区要逐步实行生态移民。对还有一定生存条件或暂不具备移民条件的，要根据当地资源条件开发生计，拓宽就业渠道。引导外出务工并创造条件安排附近城镇吸纳。

4.8.2 行动方案

针对社会经济发展与民生领域适应气候变化的重点任务，提出该领域适应气候变化的行动方案，具体行动方案的内容见表 4.8。

表 4.8 山西省社会经济发展与民生领域适应气候变化行动方案

行动方案	目的	主要内容
适应气候变化的区域产业结构调整	通过产业结构调整使区域经济系统在气候变化情景下能够实现可持续发展	评估气候变化对山西省各地第二、三产业的有利因素与不利影响，预测气候变化引起的消费需求的改变，制定气候变化背景下区域产业结构调整的方案与适应对策
适应气候变化的交通运输与贸易对策	提高气候变化情景下的交通运输保障能力，充分利用气候变化带来的商机	评估气候变化对交通工程建设与运行、运输业和国内外贸易的影响，提出适应气候变化的调整方案与对策，预测可能的商机
适应气候变化的旅游业发展对策	充分利用气候变化给旅游业带来的机遇，减轻气候变化对旅游业的不利影响	评估气候变化对不同类型旅游项目的自然景观、文化产业、特色产品与消费需求的影响，提出山西省旅游业趋利避害的发展对策与调整方案

续表

行动方案	目的	主要内容
脆弱濒危人文景观及非物质文化遗产保护	避免气候变化导致的人文景观和非物质文化遗产灭绝	评估气候变化对脆弱濒危人文景观和非物质文化遗产的影响，确定应采取的抢救与保护措施并逐步实施
适应气候变化的矿山安全与生态恢复	通过矿山的安全开采和尾矿的合理处置，使矿区在极端天气气候条件下能够实现安全生产与可持续	制定极端天气气候条件下矿山安全开采的科学方案，研究尾矿合理堆放与综合利用措施，建立尾矿安全保护与高效利用相结合的科学方案，开展矿山生态恢复行动
气候变化敏感脆弱返贫地区扶贫开发	在气候变化背景下实现脆弱贫困地区的稳定脱贫与社会经济的可持续发展	针对典型气候变化敏感脆弱区，制定并实施生态修复与产业结构调整方案，编制扶贫开发规划，普及适应气候变化的农业生产技术

第5章

区域适应气候变化的重点任务与行动方案

山西省是中国的一个内陆省份，位于黄河中游东岸、华北平原西面的黄土高原上，省境四周山环水绕，与邻省（区）的自然境界分明。东以太行山与河北省为邻；西、南隔黄河与陕西省、河南省相望；北以外长城为界与内蒙古自治区毗连。全省疆域轮廓呈东北斜向西南的平行四边形，地理坐标为34°34′N～40°44′N、110°14′E～114°33′E。南北间距较长，约682 km；东西间距较短，约385 km。全省总面积为1.567×10^5 km^2，总人口为3610.8万（2012年），下辖11个地级市，共计119个县级行政单位（其中包含23个市辖区、11个县级市、85个县）。

山西地形是典型的黄土广泛覆盖的山地高原，地势东北高、西南低。高原内部起伏不平，河谷纵横，地貌类型复杂多样，有山地、丘陵、台地、平原，山多川少，山地、丘陵面积占全省总面积的80.1%，平川、河谷面积占总面积的19.9%。全省大部分地区海拔在1500 m以上，最高点为五台山主峰叶斗峰，海拔为3061.1 m，为华北最高峰，有“华北屋脊”之称；最低点在垣曲县境内西阳河入黄河处，海拔为180 m。山西省境内有六大盆地，即大同、忻州、太原、临汾、运城、长治盆地。此外，东部还散布着阳泉、寿阳、襄垣、黎城、泽州等小盆地。

由于山西省境内南北狭长，山峦起伏，南北气候、平原和山地气候差异显著，工农业生产和社会发展方式有较大不同，植被分布也有很大差异。具体表现为：北部是温带灌草丛和半干旱草原分布区，森林植被较少，优势植物是长芒草、旱生蒿类和柠条、沙棘等；中部是以针叶林及中生的落叶灌丛为主、夏绿阔叶林为次分布区，是森林分布面积较大的地区；南部是以落叶阔叶林和次生落叶灌丛为主的夏绿阔叶林或针叶阔叶混交林分布区，也是植被类型最多、种类最丰富的地区。所以下面分北部平原区、北部山区、中部平原区、中部山区、南部平原区和南部山区 6 个部分论述山西省区域适应气候变化的重点任务与行动方案。

5.1 北部平原区

北部平原区包括大同盆地和忻定盆地。其中大同盆地是山西省最大的盆地，呈东北—西南向展布，长约 200 km，面积约 4900 km^2，海拔大都在 1000～1100 m；忻定盆地包括滹沱河上游的狭长谷地，基本呈南北向展布，长约 70 km，宽 10～25 km，面积约 1800 km^2，海拔大都在 800～900 m。

5.1.1 重点任务

5.1.1.1 发展节水型经济，建设节水型社会

针对该区水资源短缺的长期趋势，需加强水资源统一管理，发展节水型经济，构建节水型社会。

首先，通过结构调整优化配置水资源，将水从低效益用途配置到高效益领域，发展节水型的工业、农业和服务业，提高单位水

资源消耗的经济产出。节水型社会应该是“节水”和“增效”的双赢,而不是以牺牲经济发展为代价换取用水量下降。要严格限制高耗水产业的发展,不新上高取水工业项目,禁止引进高取水、高污染的工业项目,鼓励发展用水效率高的高新技术产业。

其次,根据水资源承载能力合理确定区域经济发展战略,坚持量水而行,以水定发展,制定出与当地资源禀赋相适应的发展战略和产业结构布局。要协调好生活、生产和生态用水的关系,将农业、工业的结构布局和城市人口的发展规模控制在水资源承载能力范围之内。

第三,加强制度建设,形成有效的节水制度,使节水成为用水户自觉的、自发的长效行为,而不仅仅是靠行政推动和资金扶持的权宜之计。一是加强涉水地方法律法规建设,对水资源节约保护做出明确规定,使节水有法可依,有章可循;二是建立以水权、水价、水市场为基础的水资源配置制度,既要发挥市场在水资源配置中的决定性作用,又要发挥政府在水资源配置中的宏观调控作用,按照市场经济的要求,完善水交易市场,建立合理的水价形成机制,通过对水的使用权的界定、分配和有偿流转,优化配置水资源,提高水资源利用的效率和效益。

第四,充分发挥群众在节水型社会建设中的积极性和创造性,通过用水户协会等形式,实现群众用水的自我管理,切实保障群众的利益,建设公众参与的社会节水运行机制。同时,要加强宣传教育,提高全社会的水忧患意识和节水意识,提倡节水型的生活方式和消费观念,努力发展节水文化。

5.1.1.2 调整产业结构,发展循环经济

调整经济结构和产业结构,加大资源型产业循环化力度。推动煤矿绿色开采,推广矸石充填、以矸换煤等即采即填技术

工艺，采用保水开采、煤与瓦斯共采等开采方式，提高煤炭资源回采率；推进煤层气发电或将煤层气作为矿区、城市的生产生活用气，推动矿井水用于矿区补充水源和周边地区生产、生活和生态用水；加强洗煤废水循环利用，减少电耗、水耗和介质消耗；推进矿区生态环境保护，对沉陷区进行立体生态整治，利用矸石、灰渣等进行土地复垦，发展生态农业和旅游业等适宜产业。加强节能降耗。调整优化电源结构，淘汰落后小火电机组，提高火电机组技术装备水平。

5.1.1.3 调整农业布局，优化种植结构

北部平原区地处黄土高原北部，由于海拔和纬度较高，与邻近的河北、北京、天津等省市存在着明显时差，是全国重要的夏秋季蔬菜（马铃薯、胡萝卜、葱头、青椒、西红柿、瓜类等）补充基地。同时这里阳光充足，太阳总辐射年平均为5630～6135 MJ/m^2，是全国光能资源最丰富的地区之一，有利于作物光合作用和碳水化合物的积累，是生产高品质农产品的优势产区，也是养殖业特别是奶牛养殖业发病较少的地区。

该区粮食产业建设的重点是抓好玉米生产，通过旱作节水、免耕、穴灌、聚肥节水等新技术的应用，使平均单产明显提高。

大力发展设施农业，实现农民户均一亩温棚的目标，建成几个大型蔬菜工厂化育苗基地和交易量大、辐射带动能力强的区域型蔬菜交易市场。

全力实施畜牧业振兴战略，切实推进传统畜牧业向现代畜牧业转型，构建现代畜牧业发展体系。

5.1.2 行动方案

针对北部平原区适应气候变化的重点任务，提出该区域

适应气候变化的行动方案，具体行动方案的内容见表5.1。

表5.1　山西省北部平原区适应气候变化行动方案

行动方案	目的	主要内容
建设节水型城市系统工程	缓解水资源紧缺对城市发展的制约，促进社会经济可持续发展	根据水资源承载能力合理确定区域经济发展战略，调整产业结构，严格控制高耗水、高污染产业上马。形成有效的节水制度，建设节水社区，使节水成为用水户自觉的、自发的长效行为
大力发展循环经济	形成布局合理、协调推进的循环经济发展格局；区域经济社会可持续发展能力进一步增强，资源节约型和环境友好型社会建设取得重大进展	坚持“多联产、全循环、抓高端”，以循环化改造传统产业，高端化培育新兴产业，规模化建设优势产业。遵循依托煤、延伸煤、超越煤的理念，重点发展煤制油、煤制烯烃、煤制天然气等系列产品。积极拓展传统产业废物利用领域，探索高端化利用途径
优化农业种植结构	充分利用农业生物自身适应能力，规避不利天气气候条件	研究确定气候变化情景下各种作物种植的合理界限，大力发展适应冷凉气候的农作物及设施农业和奶牛养殖业

5.2　北部山区

北部山区包括除大同盆地和忻定盆地以外的大同市、朔州市和忻州市的其余地区，面积约49000 km^2，海拔大都在1000 m以上，这里山丘林立，气候冷凉。

5.2.1　重点任务

5.2.1.1　发挥气候清凉优势，大力发展旅游度假产业

北部山区气候凉爽，风景名胜众多。境内恒山、管涔山

山青水秀、景色绮丽，云冈石窟、五台山等享誉世界。游人畅游在青山绿水之间，徘徊于古寺高塔之下，可以尽情享受这份宁静与悠远。该区可依托这些风景名胜区，做大做强旅游、避暑、休闲、度假产业，完善旅游服务功能，进一步发展“西口游”、“雁门古战场游”、“万年冰洞游”等休闲旅游产业。

5.2.1.2 调整农业结构，大力发展杂粮生产

该区气候冷凉，非常适宜喜凉耐旱作物生长发育，建议该区在稳定发展玉米生产的同时，大力实施杂粮工程，推进马铃薯、莜麦、苦荞、豌豆、绿豆、糜黍、谷子等作物的规模化种植，实现粮食高产、优质、安全、高效。

5.2.1.3 加强农田水利建设，推广旱作节水农业技术

积极开展土地整理，因地制宜推广集雨补灌等节水灌溉方式和地膜覆盖、秸秆覆盖、沟植垄盖、蹲苗锻炼、耕作保墒等节水栽培技术，引导农村合作经济组织统一管理、合理分配、节约使用灌溉水源。

5.2.2 行动方案

针对北部山区适应气候变化的重点任务，提出该区域适应气候变化的行动方案，具体行动方案的内容见表5.2。

表 5.2 山西省北部山区适应气候变化行动方案

行动方案	目的	主要内容
大力发展旅游、避暑、休闲、度假产业	依托该区域气候凉爽、名胜众多的优势，做大做强旅游、避暑、休闲、度假产业，完善旅游服务功能	重点推进五台山、云冈石窟两大景区建设，五台山景区要以人文五台山为核心，建设风光五台山、休闲五台山；云冈石窟景区要努力建设成具有国际影响力、国内一流的观光休闲旅游目的地
调整农业种植结构，发展区域特色农业	提高区域农业系统适应能力，规避不利天气气候条件，增加农民收入	大力实施杂粮工程，推进马铃薯、莜麦、苦荞、豌豆、绿豆、糜黍、谷子等作物的规模化种植，实现粮食高产、优质、安全、高效
推广农业节水技术，减小干旱对农业的影响	适应水资源短缺形势，合理开发利用农业气候资源，保障粮食安全	调整建立适应干旱缺水的种植结构与作物布局，研发推广抗旱高产优质品种；集成节水灌溉与农艺节水技术，推广集雨补灌技术，大力开展人工增雨作业

5.3 中部平原区

中部平原区主要包括太原(晋中)盆地和阳泉盆地，太原(晋中)盆地呈东北—西南向分布，长约 150 km，宽 30～40 km，汾河贯穿盆地中部，面积约 4800 km^2；阳泉盆地分布较为零散，面积约 900 km^2。

5.3.1 重点任务

5.3.1.1 加强农业基础设施建设和农田基本建设

加快实施以节水改造为中心的大型灌区续建配套和小型农田水利建设，继续推进节水灌溉示范，积极发展节水旱作农业，加大中低产田治理力度，加快丘陵山区和干旱缺水地区雨水集蓄利用工程建设，提高农田抗旱标准，提高农业用水效率。

5.3.1.2 不断增强农业适应气候变化能力

加强气候变化对该区农业的综合影响评估，组织开展精细化农业气候区划，根据自然条件、社会经济发展水平和气候变化特点，及时调整农业结构，优化农业区域布局，改进种植制度和耕作制度，在适宜区域发展多熟制，提高复种指数，增强农业固碳能力。

5.3.1.3 积极推进汾河流域生态环境治理修复与保护

坚持工程治理与自然修复相结合的方针，积极推进汾河流域生态环境治理修复与保护工作，提高生态系统的稳定性和安全性。尤其要加强对典型生态敏感及脆弱区的生态保护，对生态环境脆弱的牧区、林区、矿区和重要的生态功能区，依法设立禁采区、禁垦区、禁伐区和禁牧区。

5.3.1.4 大力发展晋商文化旅游

晋商文化旅游作为山西省重要的旅游资源，有近年来人气越来越旺的世界文化遗产平遥古城以及祁县乔家、太谷曹家、灵石王家、榆次常家等旧时富商巨贾的深宅大院，其历史价值、文化价值日渐凸显。该区可依托这些文化旅游景区，进一步完善旅游服务功能，开发高品质的晋商文化旅游产品，针对气候变化和极端事件的可能影响，加强对历史文化遗产的保护，积极传承晋商文化。

5.3.1.5 加强对气候变化和极端气候事件的监测

气象部门应当会同有关部门建立温室气体监测和气候变化评估系统，加强对气候变化和极端气候事件的监测，增强对干旱、高温、洪涝、霜冻等气象灾害及其次生、衍生灾害的预测、预警和信息发布能力。提高对气候变化的预测能力，开展对农业、林业、水资源、生态环境和敏感行业的气候变化影响评估，编制气候变化评估报告，为适应气候变化及防灾减灾提供决策依据。

5.3.2 行动方案

针对中部平原区适应气候变化的重点任务，提出该区域适应气候变化的行动方案，具体行动方案的内容见表5.3。

表5.3 山西省中部平原区适应气候变化行动方案

行动方案	目的	主要内容
加强农田水利建设，推广农业节水技术，减小干旱对农业的影响	适应水资源短缺形势，合理开发利用农业气候资源，保障粮食安全	积极发展节水旱作农业，加大中低产田治理力度，调整建立适应干旱缺水的种植结构与作物布局，研发推广抗旱高产优质品种；集成节水灌溉与农艺节水技术，推广集雨补灌技术，大力开展人工增雨作业
构建该区农业适应气候变化技术体系	提高该区农业适应气候变化的能力	加强气候变化对该区农业的综合影响评估，组织开展精细化农业气候区划，根据自然条件、社会经济发展水平和气候变化特点，及时调整农业结构，优化农业区域布局，改进种植制度和耕作制度，在适宜区域发展多熟制，提高复种指数，增强农业固碳能力

续表

行动方案	目的	主要内容
汾河流域生态环境治理修复与保护工程	加快汾河流域生态恢复和水源的涵养，建立高效、稳定的“经济—社会—自然”复合生态系统	重塑汾河流域的自然生态，以天然林保护为主，建设水源涵养林和水土保持林，使全流域森林覆盖率明显增加；在汾河中、下游河段，利用地形条件，扩大塘池、湖泊和湿地面积，形成人水和谐的自然生态；按照汾河流域生态功能与水功能区划要求和流域水资源及环境承载能力，合理调配、疏解和重构汾河流域生产力格局，规范和引导人口、经济和社会活动，逐步完成汾河流域生态恢复和水源的涵养，建立高效、稳定的“经济—社会—自然”复合生态系统，实现山西省“蓝天碧水”和人口、资源、环境协调发展
大力发展晋商文化旅游	整合旅游资源，挖掘资源内涵，创新产品特色，打造晋商文化旅游品牌	塑造晋商文化旅游品牌，提升品牌的竞争力，把晋商文化融入到“庄园、老城、园林、古村”景点建设中，将传统民间文化体现到“吃、住、行、游、购、娱”的旅游服务体系中
加强对气候变化和极端气候事件的监测预测	提高对气候变化的监测预测能力，为适应气候变化及防灾减灾提供决策依据	建立温室气体监测和气候变化评估系统，加强对气候变化和极端气候事件的监测，增强对干旱、高温、洪涝、霜冻等气象灾害及其次生、衍生灾害的预测、预警和信息发布能力，开展对农业、林业、水资源、生态环境和敏感行业的气候变化影响评估，编制气候变化评估报告

5.4 中部山区

中部山区包括山西省中部太原、晋中、吕梁、阳泉′
除太原(晋中)盆地和阳泉盆地以外的人片山区和厂
拔多在1000 m以上，面积约41000 km^2。

5.4.1 重点任务

5.4.1.1 大力发展雨水集蓄利用

水是人类赖于生存的基本资源，水资源短缺越来越成为制约山西省经济发展的主要因素。解决这一问题，一方面靠节水，另一方面靠开源。有效利用雨水资源就是解决干旱地区、山区农村人口饮水困难的有效措施，也是发展农业抗旱补水灌溉、促进贫困地区农民稳定脱贫致富的根本途径。雨水集蓄利用需兴建集雨场、水窖、水池、小塘坝等小微型水源工程，它与大中型骨干水利工程相辅相成，宜大则大，宜小则小。山西省从20世纪80年代开始雨水利用有了较大的发展，山丘区的农民群众，通过发展小微型水利工程，采取人工集蓄天然雨水的措施，在解决生活用水条件的基础上，配合节水灌溉措施，种植粮食、蔬菜、瓜果、花卉等经济作物。既解决了温饱问题，又增加了收入，还能为退耕还林还草、改善生态环境创造条件。

中部山区开展雨水集蓄利用应以改善干旱缺水地区农民群众的基本生产生活条件为目标，以农民群众自力更生为主，通过国家适当补助，调动全社会投资兴办农村小微型水利工程的积极性，做到开源节流、统筹兼顾，促进农业产业结构调整，增加农民收入，改善生态环境，为山丘区农民脱贫致富奠定基础。

5.4.1.2 构建粮食生产适应技术体系

由于热量条件的变化，作物生长发育进程也会发生变化，需结合气候变化研究总结适应当地自然条件的作物栽培新技术，充分利用自然资源，发挥作物的生产潜力，发展高产、优质、高效、生态、安全的农业。具体来说，要积极开展适应气候变化的作物栽培技术研究和作物新品种选育工作，调整作物与品种的布局及播期，推广地面覆盖、秸秆还田和保护性耕作等技术，最大限度地利用气候变暖所增加的热量资源，如玉米品种可由早熟品种改为增产潜力更大的中熟品种，冬小麦可适当向高海拔地区扩种，还可充分利用光热资源发展设施农业。

要加强农业病虫的监测预报和防治工作，采取必要的应对措施。如加强对作物害虫天敌的保护工作，发挥天敌对害虫的控制作用；研制高效低毒农药和无毒农药，减少用药量；培育抗病虫良种等。

5.4.1.3 加强生态建设与修复

坚持生态建设与修复并重的原则，继续大力开展“绿化两座山”行动，同时开展生态敏感区区划和保护规划编制，完善生态敏感区和生态脆弱区的保护政策、管理和技术体系，严禁产业扩张造成新的生态退化。

落实资源型地区经济转型综合配套改革试验区政策，深化煤炭工业可持续发展试点政策，开展绿色矿山建设，提高矿产资源开采回采率、选矿回收率和综合利用率，推进矿山生态环境恢复治理，实行矿山环境治理和生态恢复保证金制度。加强矿区土地复垦和采空区填充治理，开展矿山生态环境监测试点。继续开展河流生态治理修复工作，加强上游及水源涵养区自然生态保护，促进中下游河流水污染治理和自然湿地建设。结合全省大水网工程，全面推进水生态系统修复及河道整治，逐步提高重点河流河道内生态需水保证率，恢复河流基本生态功能，提高流域生态系统安全。

加快推进农业和农村环境保护，加强农村生活垃圾和污水处理设施建设，重点加强农村饮用水水源的治理；加强农业耕地环境保护，推进土壤污染防治工作；推广沼气、天然气、石油液化气等清洁能源和粪便、秸秆等废弃物的资源化利用，大力推进并统筹做好农村面源污染和环境整治；防止工业污染向农村转移，实现“清洁水源”、“清洁家园”和“清洁田园”目标。

5.4.1.4 积极应对极端天气气候事件，提升区域气象防灾减灾能力

建立“政府主导、部门联动、社会参与”的气象防灾减灾机制，建立和完善跨地区、跨部门的包括各类专业监测网在内的气象灾害综合监测网，调整、优化气象站网布局，充实观测项目，增加台站密度；加快推进新一代天气雷达在重点区域的加密布设，发展新型地基遥感观测系统和专用的飞机（飞艇）气象探测系统；利用风云静止、极轨气象卫星实现组网观测，增加雷达测量降水等新的探测能力。建成由地基、空基、天基观测系统组成的气象灾害立体观测网，实现对气象灾害，尤其是对重点区域主要气象灾害的全天候、高时空分辨率、高精度的综合立体性连续监测。

进一步做好重大灾害性、关键性、转折性天气的监测和预警，以及极端天气气候事件的预测预报，提高预报的精细度、预警时效和准确率。加强部门合作，建立和完善满足各行业领域的气象灾害预警业务系统，加强精细化气象灾害预报能力建设。

建立和完善突发气象灾害预警信息发布制度，及时向公

众发布气象灾害预警信息。建设覆盖城乡社区的立体化信息发布体系，综合运用多种手段、多种渠道使气象灾害预警信息及时有效传递给公众，扩大预警信息公众覆盖面。

5.4.2 行动方案

针对中部山区适应气候变化的重点任务，提出该区域适应气候变化的行动方案，具体行动方案的内容见表5.4。

表5.4 山西省中部山区适应气候变化行动方案

行动方案	目的	主要内容
发展雨水集蓄利用工程	改善本区域农民群众的基本生产生活条件，促进农业产业结构调整，增加农民收入，改善生态环境，为山丘区农民脱贫致富奠定基础	采取人工集蓄天然雨水的措施，以农民群众自力更生为主，通过国家适当补助，调动全社会投资兴办农村小微型水利工程的积极性。在解决生活用水条件的基础上，配合节水灌溉措施，种植粮食、蔬菜、瓜果、花卉等经济作物。既解决温饱问题，又增加收入，还能为退耕还林还草、改善生态环境创造条件
粮食生产适应气候变化技术体系构建	提高农业适应气候变化的能力，最大限度地利用气候变暖所增加的热量资源	积极开展适应气候变化的作物栽培技术研究和作物新品种选育工作，调整作物与品种的布局及播期，推广地面覆盖、秸秆还田和保护性耕作等技术，最大限度地利用气候变暖所增加的热量资源。加强农业病虫的监测预报和防治工作，采取必要的应对措施。如发挥天敌对害虫的控制作用、研制高效低毒农药和无毒农药以及培育抗病虫良种等
生态建设与修复工程	使本区域的生态环境有较大的改善	大力推进生态文明建设，深入实施绿色生态工程、水生态系统保护修复工程、水土保持工程和造林绿化工程，力争森林覆盖率每年提高1个百分点，持续改善生态环境。抓好重点矿区、重点流域生态环境综合治理和农村环境连片整治，加强重点区域水土流失治理

续表

行动方案	目的	主要内容
应对极端天气气候事件，提升气象防灾减灾能力	全面提高气象灾害应急防御水平，减轻灾害损失	建立“政府主导、部门联动、社会参与”的气象防灾减灾机制，建立和完善跨地区、跨部门的包括各类专业监测网在内的气象灾害综合监测网。进一步做好重大灾害性、关键性、转折性天气的监测和预警以及极端天气气候事件的预测预报，提高预报的精细度、预警时效和准确率。建立和完善突发气象灾害预警信息发布制度，及时向公众发布气象灾害预警信息

5.5 南部平原区

南部平原区包括临汾盆地、运城盆地、长治盆地和泽州盆地等，其中临汾盆地长约 200 km，宽 20～25 km，面积约4800 km^2；运城盆地位于山西省西南部，包括运城、闻喜、夏县、临猗、永济五县(市)以及万荣、绛县的部分地区，总面积约 5700 km^2；长治盆地位于山西省东南部，介于太行山脉与太岳山脉之间，盆地面积近2000 km^2，大致呈东北—西南向展布，南北长约80 km，东西宽30～40 km；泽州盆地主要包括高平和晋城两个市区以及泽州县大部分地区，面积约1200 km^2。南部平原区总面积约 13700 km^2，区内大部分地区海拔在 1000 m 以下。

5.5.1 重点任务

5.5.1.1 建立商品粮生产基地适应气候变化技术体系

南部平原区气候温暖、土壤肥沃，作物生长季光、热、水等条件配合较好，是山西省的主要粮棉水果产区，在未来气候变暖条件下，热量条件的改善将有利于多熟制的发展和复种指数的进一步提高，应适当扩大小麦—玉米、小麦—大豆、小麦—蔬菜两熟制的种植面积。另外根据气候变化趋势，冬小麦可选用冬性略有下降但丰产性状更好的品种，玉米可选用生育期更长的品种，并调整作物播种期以充分利用光热资源，如夏玉米可适当晚收、冬小麦可适当晚播。

推广缓释化肥和秸秆还田，提高化肥利用效率；推广生态农业与循环农业技术，实现农业废弃物的减量化、无害化和资源化利用；提高农业病虫害的监测预报水平，推广生物防治技术与高效低毒农药，防治外来有害生物入侵；加强农林复合生态系统建设，构建平原生态林网，改善农田小气候，提高农田生态系统适应气候变化的能力。

5.5.1.2 加强水资源管理，合理开发利用空中水资源

建立区域节水用水管理制度，加快制定水资源综合规划，对水资源的开发、利用、配置、节约和保护实施有效管理。加大力度治理因煤炭的过多开采对水资源造成的严重破坏，包括矿井排水所产生的水资源耗损、采煤造成矿坑井水被污染、采煤造成不可恢复的水资源损耗以及采煤造成地下水层破坏和漏水等。建立和完善人工增雨抗旱、生态恢复治理、水资源开发综合利用的人工增雨体系，合理开发利用空中水资源，努力构建设计科学、手段先进、作业规范的新一代人工影响天气体系。

5.5.1.3 加强自然保护区和湿地建设，防止生态系统退化

强化对森林资源和自然保护区、湿地等自然生态系统的有效保护。研究选育耐寒、耐旱、抗病虫害能力强的树种，提高森林植物在气候适应和迁移过程中的竞争能力和适应能力，不断增加森林覆盖率，提高生态系统的稳定性和安全性；加大重点物种保护力度，遏制生物多样性下降趋势，提高野生动物疫源疫病监测预警能力；构建湿地保护区域网络体系，加快湿地公园建设，加强湿地保护管理，使部分湿地萎缩与功能退化的趋势得到遏制。

5.5.1.4 建立健全农业灾害监测、预警、防范体系

建立农业生产气象保障系统和农村气象监测网，加强对农业灾害性天气中长期预报、预警能力，提高预报的准确性和及时性；改进农情监测网络，建立健全农业灾害预警与防治体系；制定区域农业自然灾害的防灾应急预案；加强农业防灾减灾、病虫害统防统治、灾后补救技术推广普及与农业备灾物资储备；积极推广农业灾害保险，减轻农民因灾害遭受的损失。

5.5.2 行动方案

针对南部平原区适应气候变化的重点任务，提出该区域适应气候变化的行动方案，具体行动方案的内容见表5.5。

表 5.5　山西省南部平原区适应气候变化行动方案

行动方案	目的	主要内容
构建粮食生产适应气候变化技术体系	提高农业适应气候变化的能力，最大限度地利用气候变暖所增加的热量资源	适当扩大小麦—玉米、小麦—大豆、小麦—蔬菜两熟制的种植面积；根据气候变化趋势，冬小麦可选用冬性略有下降但丰产性状更好的品种，玉米可选用生育期更长的品种，并调整作物播种期以充分利用光热资源；提高农业病虫害监测预报水平，推广生物防治技术；加强农林复合生态系统建设，构建平原生态林网，提高农田生态系统适应气候变化的能力
空中水资源开发利用工程	增加降水量，提高区域农业产量，改善区域生态环境	大力加强人工影响天气科学研究和技术开发工作，建立地方、部门、科研院所、高等院校相结合的科研开发体制，开展大气降水宏微观结构及其变化规律和机制的研究，开展空中水资源人工调控和人工增雨技术研究；将人工影响天气服务由为农业抗旱、防灾减灾服务向合理开发利用空中水资源、生态环境建设和提高人民生活质量服务拓展，由旱季作业向有利于调蓄水资源的其他季节作业拓展，由旱区作业向江河、库区水域源头作业拓展
农业灾害监测预警防范体系建设	提高农业灾害应急防御水平，减轻灾害损失	建立农业生产气象保障系统和农村气象监测网，提高对农业灾害性天气中长期预报、预警能力；制定区域农业自然灾害的防灾应急预案；加强农业防灾减灾、病虫害统防统治、灾后补救技术推广普及与农业备灾物资储备；积极推广农业灾害保险，减轻农民因灾害遭受的损失

5.6 南部山区

南部山区包括山西省南部临汾、长治、运城、晋城四个市除临汾盆地、运城盆地、长治盆地和泽州盆地以外的大片山区和丘陵区，海拔多在 1000 m 以上，面积约 42000 km^2。

5.6.1 重点任务

5.6.1.1 改善农业基础设施，提高农业应变能力和抗灾减灾水平

加强农业基础设施建设和农田基本建设。推进节水灌溉示范，积极发展节水旱作农业，加大中低产田治理力度，合理进行农田灌溉工程和设施的改造，加快丘陵山区雨水集蓄利用工程建设，提高农业用水效率；加强农田基本建设，改善农业生态环境，建设高产稳产农田，强化综合防治自然灾害的工程设施建设，不断提高农业对气候变化的应变能力和抗灾减灾水平。

5.6.1.2 建设农田生态园林化工程，改善农村生态环境

通过建设高标准的方田林网，发展特色经济林和商品林，全力推进经济林、防护林、生态林、速生丰产林基地建设，形成点线面相结合、宽林带、多层次、纵横交织的生态绿化格局；抓好农业生产废弃物无害化处理，强化农业污染面源治理，改善农村生态环境；立足生态循环理念，大力发展农业循环经济，

形成“养殖—沼气—果蔬”等循环发展模式。

5.6.1.3 发挥当地自然资源优势，大力发展果业生产

南部山区光热资源丰富、降水适中，非常有利于苹果、梨、枣、核桃等果树生长发育，其中吉县、芮城生产的苹果质量上乘、全国知名；隰县生产的梨在全省享有盛誉；永和红枣肉大味甜、极具市场竞争力。所以，南部山区应以市场为导向，以品牌为龙头，优化产业结构，加快无公害标准化生产，建设优质苹果、梨生产带，大力发展红枣、核桃等名优干果。

5.6.1.4 大力发展黄河风情文化旅游

南部山区临近黄河的区域气候温凉，风景名胜众多，其中以吉县壶口瀑布和芮城县永乐宫最为著名：壶口瀑布是黄河中游流经晋陕大峡谷时形成的一个天然瀑布，瀑布宽达30 m，深约50 m，滚滚黄水奔流至此，500 余米宽的洪流骤然被两岸所束缚，上宽下窄，在50 m的落差中翻腾倾涌，倒悬倾注，波浪翻滚，惊涛怒吼，震声数里可闻，其形如巨壶沸腾，故名壶口；永乐宫原名大纯阳万寿宫，是中国现存最大一座元代道教宫观、全真教三大祖庭之一，是为纪念唐代道教著名人物、后被誉为八仙之一的吕洞宾而建的一处宫廷式道教建筑群，永乐宫最为驰名的是约 1000 m^2 的元代壁画，壁画采用了传统的中国工笔重彩形式，其场面之宏伟、人物之传神、绘画技艺之高超是十分罕见的，具有极大的感染力和震撼力，是表现中国气魄、中国风范的伟大艺术品。

5.6.2 行动方案

针对南部山区适应气候变化的重点任务，提出该区域适

应气候变化的行动方案，具体行动方案的内容见表 5.6。

表 5.6 山西省南部山区适应气候变化行动方案

行动方案	目的	主要内容
加强农业基础设施建设和农田基本建设	提高农业对气候变化的应变能力和抗灾减灾水平	推进节水灌溉示范，积极发展节水旱作农业，加大中低产田治理力度，合理进行农田灌溉工程和设施的改造，加快丘陵山区雨水集蓄利用工程建设，提高农业用水效率；加强农田基本建设，改善农业生态环境，建设高产稳产农田，强化综合防治自然灾害的工程设施建设
建设农田生态园林化工程	改善农村生态环境	发展特色经济林和商品林，推进经济林、防护林、生态林、速生丰产林基地建设；抓好农业生产废弃物无害化处理，改善农村生态环境；立足生态循环理念，大力发展农业循环经济
调整农业结构，发展果业生产	合理开发利用当地农业气候资源	以市场为导向，以品牌为龙头，优化产业结构，加快无公害标准化生产，建设优质苹果、梨生产带，大力发展红枣、核桃等名优干果

第6章

山西省适应气候变化的综合任务与行动方案

山西省目前处于工业化和农村人口城镇化的快速发展阶段,长期以来的粗放增长方式导致人口、资源、环境的矛盾日益尖锐,气候变化进一步加剧了这些矛盾,实施转轨跨越发展战略势在必行。

除前述各领域和区域的适应任务外,还需要采取综合性的适应行动,主要任务包括:气候变化影响的监测、评估体系建设;适应气候变化技术体系构建与技术清单编制;适应气候变化的重大工程;适应气候变化规划与行动计划制定;适应气候变化的能力建设;适应气候变化综合示范区。

无论是各重点领域和区域,还是综合性的适应行动,都需要体制、机制、资金、科技支撑、人才队伍、区域和国际合作等方面的保障,还需要开展适应气候变化的能力建设,以保证适应工作的可持续开展。

6.1 综合适应的重点任务

6.1.1 气候变化影响的监测与评估体系建设

适应气候变化工作是指针对气候变化的影响，对自然系统和人类系统做出的调整。气候变化对自然系统和人类系统的影响十分复杂，而且是动态变化的。仅有对气候系统的监测还远远不够，若不搞清楚气候变化对相关领域的影响，适应工作必然无的放矢、脱离实际。

建立气候变化影响的监测体系，要针对不同领域气候变化影响的主要表现，选择对气候变化敏感的有代表性受体。如农业生产上要监测主要作物播种期、抽穗开花期、成熟期、产量与品质的变化，果树和林木要观测萌芽、开花等物候期的变化，高寒地区的工程建设要观测冻土深度与封冻期、解冻期的变化，海洋渔业要观测鱼类洄游时间与路线的变化，商业部门要监测气候变化对公众消费习惯的影响和各类商品的销售动态等。

气候变化与人类活动的影响往往交织在一起，为了准确地开展适应工作，需要开展归因分析。如华北的水资源亏缺，既有气候暖干化导致降水量减少的因素，也有用水量迅速增长和掠夺性开采地下水等人为因素，后者往往起的作用更大。北方风沙灾害减轻，有植树造林等生态工程的作用，但气候变化导致冷空气活动与风速减弱是更为主要的因素。

在开展气候变化影响监测与归因分析的基础上，进行气候变化对不同领域和区域影响的评估，是可以为采取正确的适应决策提供依据。影响严重且技术上和经济上都较为可行的适应行动应优先采取;影响相对较轻而治理成本较高的适应措施暂缓采取;影响轻微的可与日常工作相结合,不必采取专门的适应行动。

不同领域气候变化影响监测评估体系的建设,有些可与该领域的现有监测体系相结合,增加一些观测和评估项目。有些领域缺乏系统监测的则应系统组建。应对气候变化主管部门应收集汇总各领域的监测与评估结果,对气候变化在本地区的综合影响进行评估。

6.1.2 适应气候变化技术体系构建与技术清单编制

随着适应气候变化工作的逐步深入,构建不同领域适应技术体系和编制适应技术清单的任务应提上日程。

适应技术体系不是各项适应技术的简单堆积。首先要针对气候变化对本地区本领域的主要影响来确定关键或核心适应技术。如华北地区农业适应气候变化,最重要的是如何利用气候暖干化带来的热量条件改善和缓解农用水资源的日益紧缺,供电部门要针对冬季变暖和气候波动加大,建设智能化调控体系,既要节能,又要提高人体舒适度和工作效率,旅游业要针对气候变化带来的自然物候与气象景观改变,调整旅游景点与项目的布局与开放时期。

每项关键或核心技术还需要有若干配套技术支撑和完善,以构成一个适应技术子系统。若干子系统与保障措施的有机结合构成适应技术体系的整体。

按照当前、近期和中长期的不同适应需求,可分别建立针对中长期气候变化影响的战略性适应措施、针对近期气候变化影响的实用适应技术体系和针对短期气候波动和极端事件的应急或应变适应技术体系等三类。

适应技术清单由基本成熟、具有充分可行性与可操作性的单项适应技术组成，按照不同领域和区域分类，按照重要性、可行性、可操作性等排出优先顺序。

6.1.3 适应气候变化的重大工程

选择气候变化影响突出、适应效益突出、效益与投资比较大的工程列为重点。从当前山西省的情况看，可考虑列入农业与城市节水工程、城市雾霾治理工程、山区林业生态治理工程、气象防灾减灾工程、人工影响天气工程等。

6.1.4 适应气候变化规划与行动方案编制

要把适应气候变化纳入区域和行业社会经济发展规划中，并进一步组织编制适应行动计划或方案。编制区域和行业适应规划与行动计划，要针对气候变化对本地区与本行业的主要影响，突出区域和行业特点。从区域角度，要兼顾经济、社会和生态三个方面的可持续发展；从行业角度，要针对气候敏感产业和企业，在努力减轻气候变化不利影响的同时，也要根据市场需求的变化抓住商机。

6.1.5 适应气候变化的能力建设

能否实现在气候变化的背景下保持经济、社会的可持续发展，归根到底取决于适应能力的建设，包括适应行动的组织协调能力、物质资金保障能力、科技支撑能力、全民参与意识和适应技能、人才队伍建设等。各地和行业都应把适应能力建设纳入发展规划，并制定具体的建设计划。

6.1.6 适应气候变化示范区建设

开展适应气候变化工作，要通过建设示范区，取得典型经验和显著的适应效果来带动全局。要选择气候变化影响突出和有代表性的地区，针对气候变化对当地主导产业、民生和生态环境的主要影响，明确适应工作的主要内容和重点示范项目。在实际工作中要与现有的农业开发、生态治理、扶贫、产业结构调整、企业技术改造、治污减排、城乡生态文明社区建设等工作相结合，但必须针对气候变化的影响，不能简单地以现有常规工作代替适应工作。示范区的布局要考虑全省人口与产业分布及生态区划，建设城乡两类示范区。

6.2 综合适应的行动方案

6.2.1 建立气候变化影响监测评估系统

由山西省发改委牵头，组织气象、水利、地质、环保、农林、工业、交通、能源、民政等部门研讨，确定不同领域和行业气候变化影响的重点项目和监测评估方法，编制各有关部门的监测评估方案与规程。由省发改委与省气象局合作建立省应对气候变化研究中心，收集汇总气候变化影响监测资料并建立综合数据库，实现全省各相关部门之间气候变化影响监测评估数据的共享。省应对气候变化研究中心要对各有关部门提供的信息进行综合分析和评估，为省政府采取重大适应行动和各部门制定适应方案提供决策依据。

6.2.2 构建不同领域和行业的适应气候变化技术体系与编制技术清单

山西省发改委组织各重点领域和行业的专家分别研讨和梳理本领域或行业气候变化的主要影响与现有适应措施，吸收国内外同行的适应经验，筛选效益比较显著、技术和经济上比较可行的适应技术，按照气候变化影响的特点或影响对象分类，明确其中的关键与核心技术，组装相应的配套技术。对其中目前缺乏或不完善的关键技术组织攻关研发。先用一年时间确定领域或行业适应技术体系的框架，然后进行现有适应技术的评估与筛选，明确关键、核心技术与配套技术的相互关系，同时组织对关键适应技术的补充研发，经过二三年的努力，初步构建本领域与行业的适应技术体系方案，经专家论证后正式确立并试行。根据气候变化影响、技术进步和市场需求的新情况，每隔几年需修订一次。

从筛选出的适应技术中，按照适应效果、成本高低、技术可行性和可操作性、环境效应等进行综合评判，排出优先序，择优编制本领域和行业的适应技术清单，作为有关部门优先投资和支持的决策依据。

6.2.3 编制省市两级适应气候变化规划与行动计划

根据山西省市社会经济发展中长期规划的要求，针对气候变化对本地区影响的突出问题，组织编制“十三五”适应气候变化的规划，要突出本地区特色和重点领域与行业的发展需求。如城市与工业化地区要突出水资源保障、大气污染治理、敏感产业和企业、城市发展规划、基础设施建设、生态文明社区建设等，农业主产区要侧重粮食安全保障、农村经济发展、农业节水、新农村建设和防灾减灾等，生态脆弱与贫困山区要突出水土保持、特色产业发展、生计开拓、地质灾害防御。

6.2.4 适应气候变化的重大工程

6.2.4.1 农业与城市节水工程

农业上大力实施渠道防渗、管道输水、喷灌滴灌等节水工程，重点推广膜下滴灌等先进节水技术，继续推进小型农田水利重点县建设，建设高效节水示范园区。因地制宜开发利用雨洪资源，在公路沿线及家户庭院利用屋面、路面集雨，新建和改造农村旱井、水窖，配套管灌、滴灌等节水设施；在平原区恢复和改造村级水池、塘坝，配套管灌等节水设施，利用硬化后街面集水，发展果菜种植生产，改善农村生态环境和景观环境。在有条件的山区中小河流上建设人字闸、翻板闸等调蓄工程。

城市用水实行计划管理，每年由城市节约用水管理部门综合提出用水计划，经市政府批准后，向各用水单位下达年度计划用水指标。用水单位必须加强用水管理，指定主管机构或人员具体负责节约用水工作；城市供水企业、自建供水设施的单位和房屋管理单位应当按照各自的职责范围，加强对供水用水设施、设备和器具的管理、维修、保养，防止跑水、冒水、滴水、漏水。城市居民生活用水，应当按户计量收费，不得实行用水包费制。在城市利用建筑屋顶、街道大力开展雨水收集工作，收集到的雨水用于工程施工、园林绿化、环境卫生等临时用水。

加强工业节水，改造供水管道，进一步提高工业废水循环利用和再生水利用水平，继续推进矿井水资源化利用，提高工业用水复用率，鼓励重点行业开展废旧机油、废植物油、废酸、废碱等回收和资源化利用。通过区域用水总量控制、取水许可审批、用水节水计划考核等措施，淘汰落后产能，引导工业布局和产业结构调整。发展符合国家和山西省产业政策、耗水量小、用水效率高的产业。缺水地区严格限制新上高耗水项目，禁止引进高耗水、高污染的工业项目，鼓励发展用水效率高的高新技术产业。发展工业用水的清洁生产技术，提高工业用水重复利用率。大力发展循环用水系统、串联用水系统和回用水系统。强化工业用水源头监管，加快建立和实行工业节水设施“三同时”制度，推进工业节水设施与工业主体工程同时设计、同时施工、同时投入运行。严格执行《用水单位水计量器具配备和管理通则》强制性国家标准和《企业水平衡测试通则》《企业用水统计通则》等相关国家标准，督促企业加快配备水计量器具，规范用水计量和统计工作。鼓励和支持工业企业利用信息化技术提高节水管理水平，加快建设用水、节水管理信息系统，开展用水在线监测，夯实工业企业节水管理基础。

6.2.4.2 城市雾霾治理工程

加强城市规划及结构综合性治理。通过城市规划及布局改造，防止人口、交通高度集中；扩建绿地，保持城市绿化率，将环保理念放在经济利益之上，即便是在寸土寸金的市中心也要保持足够的绿化；城市内使用无烟燃料，将重污染企业及发电厂等大型污染源尽量搬迁至郊区外。严格控制机动车保有量以及提升车用成品油质量。鼓励发展绿色行业，引导产业转型，不过度依赖制造业，大力发展服务业和高科技产业。

建立城市空气污染应急预案，设置城市可吸入颗粒物(PM2.5)上限，如果空气出现严重污染达到上限值，必须立即采取行动快速应对：一是对部分车辆实施禁行，或者在污染严重区域禁止所有车辆行驶；二是限制重污染企业排放，关停大型锅炉和工业设备；三是限制城市内的建筑工地运作；四是禁止燃烧木头、焚烧垃圾、燃放烟花爆竹等行为；五是政府和社会机构通过各种渠道告诫民众尽可能待在室内，减少外出，避免运动等体力消耗，并戴上口罩出行。

严格大型锅炉和工业设施排放标准，对于燃煤电厂的氮氧化物、二氧化硫和颗粒物的排放制定更严格的监管标准。对于不达标的燃煤电站进行强制整改甚至关停。同时严格控制燃煤等非清洁能源的使用率，积极鼓励清洁能源发展，设立清洁能源比例的近远期目标并严格执行，实现目标。

修改或出台新的空气治理法案，以法律的形式将空气治理的长短效机制严格执行。

6.2.4.3　山区林业生态治理工程

山西省山地丘陵面积占全省总面积的80%，山区林业生态环境建设举足轻重。当前脆弱的生态环境，造成水土流失严重，旱、涝、风、沙等自然灾害频繁，制约着经济和社会的发展。大力开展植树造林，加强林业生态环境建设和管理，实现全省山川秀美，是山西省必须坚持的一项基本方针。

在吕梁山脉及周边地区建设以治理水土流失、降低土壤侵蚀模式为主要功能的防护林体系，依靠国家三北防护林、天然林资源保护、退耕还林荒山造林、省重点区域造林等重点工程支撑，有效改善黄河东岸严重的水土流失状况，使这一区域的生态环境得到显著改善。

在太行山区域建设以涵养水源为主要功能的防护林体系，依靠国家太行山绿化、退耕还林荒山造林、省重点区域造林等重点工程支撑，大力造林、封山育林、积极护林，有效涵养太行土石山区珍贵的水资源。

6.2.4.4 气象防灾减灾工程

建设城市气象灾害监测网(市区内间隔 2 km、郊区平均间隔 5 km),数据采集密度从目前的 1 小时采集一次缩短至每 10 分钟采集一次;实现全省新一代多普勒天气雷达监测全覆盖,建设以风廓线仪、GPS/MET 水汽监测站、闪电定位仪等为主体的高时空密度监测网,完善城市近地边界层大气物理、化学成分立体观测和城市自动化探测系统;在各市建设新一代卫星遥感接收处理系统,建成以极轨卫星、静止卫星为主的遥感探测系统。加强卫星遥感、雷达、自动气象站、风廓线等资料的同化应用和数值模式的产品释用,建立城市气象灾害定时、定点、定量的精细化预报、预警系统,对冰雹、强风暴、飑线、局地强降水等中小尺度灾害性天气系统进行实时监测预警;建立省内主要城市空气质量精细化预报和城市污染扩散的预警预报系统;在 11 个地级市建立城市内涝预测预警系统,进行城市暴雨积水实时分析,评估内涝风险、积水范围及影响程度,为城市雨水管理和洪灾控制提供决策支持。认真开展城市规划和重大工程建设项目气象灾害风险评估和可行性论证工作,将气象灾害防御可行性论证结果作为建设项目可行性研究报告的审查内容。组织开展城市社区(单位)气象灾害危险性评估,分灾种编制风险区划图。

建设农业产前、产中、产后系列气象灾害防御服务系统,开展农业气象灾害实时监测调查,提供精细化气象监测预报服务;围绕林果、蔬菜、花卉、药材等设施农业,建设气象灾害监测预警系统,提供气象条件评估及调控建议,确保丰产增收。开展农村气象灾害普查和风险区划,建立极端天气气候事件对农业影响的监测评估体系;建成精细到乡镇的气象灾害预报预测预警业务系统,力争突发气象灾害预警准确率达到90%、预警时效达到30分钟以上;完善农村公共气象服务信息发布渠道,充分利用广播、电视、网站等公共传播网,发布农村公共气象服务产品,播发乡镇气象预报预警服务信息;推动乡镇气象信息服务站建设,建立覆盖建制村的气象信息员队伍,指导气象信息员在收到预警信息后,通过电子显示屏、电话、大喇叭、敲锣打鼓、逐户通知等方式,实现农村气象灾害预警信息全覆盖,确保至少有一种手段可以将气象灾害预报预警信息传递到每一个农户、每一位农民,并组织群众开展避险自救,最大限度地减轻气象灾害造成的损失。

6.2.4.5 人工影响天气工程

完善太原、运城、大同飞机人工增雨基地,改造飞机人影指挥中心、人影科学实验室,建设降雨设备专用库房、检修室、车库、气象要素观测场,购置机载云物理探测仪器,建立机载图形图像、语音传输系统,建设自动催化系统。在流域(或水库)进行降(蓄)水量人工增雨作业或试验;在机场或高速公路部分路段进行人工消雾技术试验;在大型活动场所及暴雨灾害地区进行人工消雨技术试验;在现代农业示范区进行人工防冻、防霜技术试验等。重点加强飞机作业平台及飞行保障基地建设,在增雨的同时提高空中水资源观测的能力。各市、县要加强地面人工增雨防雹能力建设,完成全部作业站点的标准化建设任务,在西部山区较高地点新建50部地面人工影响天气远程自动控制燃烧烟炉,新增100部远程自动控制火箭发射系统,提升火箭作业的自动化水平和弹药安全储运的能力。加强人工增雨(雪)、消雾、防雹、防霜、消雨等机理研究，加强新技术开发和新型作业装备的应用，加强作业示范区建设，加强部门科技合作，推进产学研结合，积极吸收与引进国际国内先进科技成果，不断提升山西省人工影响天气工作的科技支撑能力。健全省、市、县、作业点四级作业指挥系统，加强军队与地方间的协作，建立作业空域划定、跨区域作业协调机制，提高作业装备的全省统一调度和跨区域作业指挥能力，提高作业规模化程度和集约化水平。完善安全事故应急处置预案，加强应急演练，提高事故应急处置能力。

6.2.5 适应气候变化示范区建设

选择气候变化影响突出的城市与乡村两类社区，分别建立适应气候变化示范区，取得经验后在全省城乡逐步全面推广。

城市社区适应气候变化的主要任务是建立社区适应气候变化的体制和机制；针对气候变化对本地区的影响，调整社区建设规划，加强绿化美化和生态保护；调整产业结构，发展气候智能型经济；建立健全极端天气气候事件的预警和应急机制，加强对敏感和弱势人群的健康保护；提倡绿色生活方式和消费模式，倡导生态文明，建设气候适应性城市社区。

乡村社区适应气候变化的主要任务是建立农村社区适应气候变化的体制与机制；针对气候变化的影响，结合社会主义新农村建设，调整乡村发展规划与布局，提高农村与住宅安全和舒适水平；调整产业结构，推广实用适应技术，发展气候智能型农业；建立健全极端天气气候事件的预警和应急机制，加强对生态脆弱乡村贫困人群的保护和生计扶持；加强水土保持和农村环境整治，大力植树造林，保护生物多样性，建设气候适应型美丽乡村。

6.3 能力建设与保障措施

6.3.1 适应气候变化体制与机制建设

完善各级地方政府适应气候变化的体制。在省发改委资源环境处（或应对气候变化处）明确主管适应气候变化的科室，负责协调全省的适应气候变化工作，在全省各地市发改委相应明确分工适应工作的人员。要求相关行业在抓紧节能减排工作的同时，也要把适应工作列入议事日程和应对气候变化工作计划中，明确适应工作的目标和主要任务，设立业绩考核指标。

组织相关行业协会研讨气候变化对本行业的影响和适应对策，根据市场需求，推广经济效益好的实用适应技术并进行跟踪评估，逐步建立市场拉动的企业适应机制。

加强全民适应观念培养和适应知识普及，动员基层社区和社团组织积极参与适应气候变化行动。

通过上述措施逐步建立政府主导、市场拉动、全民参与的适应气候变化机制。

6.3.2 适应气候变化的物资与资金保障

针对本地区危害突出的极端气象事件及其次生灾害，在高风险区因地制宜建立洪水、滑坡、泥石流等灾害的临时避险场所，储备能够满足抢险救援和短期生存需要的工具、器材和食物、饮水、急救、照明等必需生活物资。农作物主产区要储备适当数量的特早熟救灾作物种子，以备灾后抢种之需。

参照 IPCC 的做法，多渠道集资设立省市两级适应基金。

在省财政应对气候变化科目中安排适当比例的适应资金以支持重大适应工程和公益性适应行动。鼓励企业投入资金支持经济效益好的适应技术措施。积极申报和争取国家和国际适应气候变化项目。

6.3.3 适应气候变化的科技支撑

在山西省科技发展规划中安排适当数量的适应气候变化基础性研究项目和重点领域关键适应技术的研发项目，组织省内优势科研机构申报和承担国家适应气候变化相关科研项目。鼓励相关行业和企业开展实用适应技术的研发。省气象局和相关领域的科研机构要针对气候变化对本领域的影响，开展适应气候变化的研究。气象部门重点开展区域气候变化评估、预估、应用气候和极端气象事件预警和应急机制的研究，社会科学研究机构重点进行适应气候变化体制机制建设、区域社会经济发展适应对策和相关政策的研究，水利部门重点开展水资源和水环境适应气候变化的研究，农林业和工业、交通、能源、旅游、商业和服务业等产业部门要分别开展关键适应技术和适应技术体系的研究。系统收集和优选比较成熟的适应技术，在相关领域和产业大力推广普及，促进全省适应领域的技术进步。

6.3.4 适应气候变化的人才培养和队伍培训

针对适应气候变化领域的科技需求，在全省重点高校的硕士点和博士点开设适应气候变化的研究方向，并与国家重点高校和科研机构合作，培养适应气候变化的领军科技人才。同时注意选拔省内适应气候变化工作的管理人才和技术人才，有计划地推荐到党校、行政管理学院和相关高校继续培养和深造。

组织相关部门与行业开展适应气候变化对策与技术的培训和演练，培养规模相当的适应技术专业队伍。

6.3.5 全民适应气候变化的能力培养

山西省市应对气候变化主管部门、科技、教育、宣传等部门和各类社会团体要积极组织有关专家开展多种形式的适应气候变化知识和技能的普及和培训，包括举办专题讲座，制作影视作品在电视和网络上播出，在各级学校和城乡社区宣讲应对气候变化和极端天气气候事件的基本知识，编写出版适应气候变化知识的科普读物，对城乡减灾志愿者队伍进行适应气候变化和应对极端天气气候事件的技能培训并组织防灾救灾演练，对重点领域和敏感产业的职工进行适应气候变化实用技术的培训等。

6.3.6 适应气候变化的区域和国际合作

积极参与华北地区和黄土高原地区的适应气候变化区域合作，交流适应气候变化的工作经验，针对气候变化对本地区的共同影响采取协调一致的适应行动。

积极支持山西省科技人员参加适应气候变化相关研究的国际合作与学术交流，吸收国际适应气候变化的先进理念和技术。鼓励山西省具有优势的实用适应技术参与适应气候变化领域与其他发展中国家的南南合作。

参考文献

[1] IPCC. Climate Change 2013: The Physical Science Basis. Contribution of Working Group I to the Fifth Assessment Report of the Intergovernmental Panel on Climate Change. Cambridge University Press, Cambridge, United Kingdom and New York, NY, USA.

[2] 秦大河，丁永建，穆穆. 中国气候与环境演变:2012[M]. 北京:气象出版社,2012.

[3] 毛德华，王宗明，宋开山，等. 东北多年冻土区植被 *NDVI* 变化及其对气候变化和土地覆被变化的响应[J]. 中国环境科学，2011,**31**(2):283-292.

[4] 刘会军，高吉喜. 气候和土地利用变化对北方农牧交错带植被NPP 变化的影响[J]. 资源科学,2009,**31**(3):493-500.

[5] 李秋月，潘学标. 气候变化对中国北方农牧交错带空间位移的影响[J]. 干旱区资源与环境,2012,(10):1-6.

[6] 张山清，普宗朝，伏晓慧，等. 气候变化对新疆自然植被净第一性生产力的影响[J]. 干旱区研究,2010,**27**(6):905-914.

[7] 王军邦，陶健，李贵才，等. 内蒙古中部 MODIS 植被动态监测分析[J]. 地球信息科学学报,2010,**15**(6):835-842.

[8] 张戈丽，徐兴良，周才平，等. 近 30 年来呼伦贝尔地区草地植被变化对气候变化的响应[J]. 地理学报,2011,**66**(1):47-58.

[9] 张峰，周广胜，王玉辉. 内蒙古克氏针茅草原植物物候及其与气候因子关系[J]. 植物生态学报,2008,**32**(6):1312-1322.

[10] 郭连云. 青海同德近 50 年气候与草地畜牧业生产的关系[J]. 草业科学,2008,**25**(1):77-81.

[11] 方精云，杨元合，马文红，等. 中国草地生态系统碳库及其变化

[J]. 中国科学:生命科学,2010,**40**(7):566-576.

[12] 戴君虎,王焕炯,葛全胜. 近50年中国温带季风区植物花期春季霜冻风险变化[J]. 地理学报,2013,**68**(5):593-601.

[13] 郭兆迪,胡会峰,李品,等. 1977—2008年中国森林生物量碳汇的时空变化[J]. 中国科学:生命科学,2013,**43**(5):421-431.

[14] 马瑞俊,蒋志刚. 青海湖流域环境退化对野生陆生脊椎动物的影响[J]. 生态学报,2006,**26**(9):3061-3066.

[15] 袁婧薇,倪健. 中国气候变化的植物信号和生态证据[J]. 干旱区地理,2007,**30**(4):465-473.

[16] 赵慧颖. 呼伦贝尔沙地45年来气候变化及其对生态环境的影响[J]. 生态学杂志,2007,**26**(11):1817-1821.

[17] 吴春霞,刘玲. 加拿大一枝黄花入侵的全球气候背景分析[J]. 农业环境与发展,2008,**25**(5):95-97,104.

[18] 李林,吴素霞,朱西德,等. 21世纪以来黄河源区高原湖泊群对气候变化的响应[J]. 自然资源学报,2008,**23**(2):245-253.

[19] 张建云,章四龙,王金星,等. 近50年来中国六大流域年际径流变化趋势研究[J]. 水科学进展,2007,**18**(2):230-234.

[20] 陈莉,方修睦,方修琦,等. 过去20年气候变暖对中国冬季采暖气候条件与能源需求的影响[J]. 自然资源学报,2006,**21**(4):590-597.

[21] 陈峪,叶殿秀. 温度变化对夏季降温耗能的影响[J]. 应用气象学报,2005,**16**(增刊):97-104.

[22] IPCC. Climate Change 2007:Synthesis Report. Contribution of Working Groups I,II and III to the Fourth Assessment Report of the Intergovernmental Panel on Climate Change [R]. Core Writing Team. Geneva, Switzerland:IPCC,2007.

[23] Wang J, Huang J, Yan T. Impacts of Climate Change on Water and Agricultural Production in Ten Large River Basins in China [J]. Journal of Integrative Agriculture, 2013, **12**(7):

1267-1278.

[24] 孙杨，张雪芹，郑度. 气候变暖对西北干旱区农业气候资源的影响[J]. 自然资源学报，2010，**25**(7)：1153-1162.

[25] 纪瑞鹏，张玉书，姜丽霞，等. 气候变化对东北地区玉米生产的影响[J]. 地理研究，2012，**31**(2)：290-298.

[26] 杨晓光，刘志娟，陈阜. 全球气候变暖对中国种植制度可能影响I. 气候变暖对中国种植制度北界和粮食产量可能影响的分析[J]. 中国农业科学，2010，**43**(2)：329-336.

[27] Tao F, Zhang S, Zhang Z. Spatiotemporal Changes of Wheat Phenology in China under the Effects of Temperature, Day Length and Cultivar Thermal Characteristics[J]. European Journal of Agronomy, 2012, **43**: 201-212.

[28] Xiao D, Tao F, Liu Y, et al. Observed Changes in Winter Wheat Phenology in the North China Plain for 1981—2009 [J]. International Journal of Biometeorology, 2013, **57**: 275-285.

[29] 张永勤，缪启龙. 气候变化对区域经济的影响及其对策研究[J]. 自然灾害学报. 2001，**10**(2)：121-126.

[30] 陈宜瑜. 中国气候与环境演变评估(II)：气候与环境变化的影响与适应、减缓对策[J]. 气候变化研究进展，2005，(2)：51-57.

[31] IPCC. Climate Change 2007: The Physical Science basis. Summary for Policymakers. Contribution of Working Group I to the Fourth Assessment Report [R]. The Intergovernmental Panel on Climate Change. http://www. ipcc. ch/SPM2feb07. pdf, 2007.

[32] 李瑞，张红，张洋. 气候变化对中国住宅产业发展环境的影响[J]. 河北大学学报：哲学社会科学版，2012，(6)：70-73.

[33] 刘慧芬，陈会敏，裴启云. 气候变化对旅游活动的不利影响及对策研究[J]. 江苏商论，2011，(1)：135-136.

[34] 钟林生，唐承财，成升魁. 全球气候变化对中国旅游业的影响及

应对策略探讨[J]. 中国软科学,2011,(2):34-41.

[35] 陈峪. 中国主要河流流域极端强降水变化特征[J]. 气候变化研究进展,2010,**6**(4):265-269.

[36] 陈凯先，汤江，沈东婧，等. 气候变化严重威胁人类健康[J]. 科学对社会的影响,2008,(1):19-23.

[37] 钱颖骏，李石柱，王强，等. 气候变化对人体健康影响的研究进展[J]. 气候变化研究进展,2010,**6**(4):241-247.

[38] 杨国静，杨坤，周晓农. 气候变化对媒介传播性疾病传播影响的评估模型[J]. 气候变化研究进展,2010,**6**(4):259-264.

[39] 鲁亮，林华亮，刘起勇. 基于天气因素的中国登革热流行风险地图[J]. 气候变化研究进展,2010,**6**(4):254-258.

[40] 杨坤，潘婕，杨国静，等. 不同气候变化情景下中国血吸虫病传播的范围与强度预估[J]. 气候变化研究进展,2010,**6**(4):248-253.

[41] 程国栋. 局地因素对多年冻土分布的影响及其对青藏铁路设计的启示[J]. 中国科学(D辑):地球科学,2003,**33**(6):602-607.

[42] 王涛，吴薇，陈广庭，等. 近10年来中国北方沙漠化土地空间分布的研究[J]. 中国科学(D辑):地球科学,2003,**33**(增刊):73-82.

[43] 康志成. 中国泥石流研究[M]. 北京:科学出版社,2004.

[44] 戴会超，王玲玲，蒋定国. 三峡水库蓄水前后长江上游近期水沙变化趋势[J]. 水利学报,2007,**10**(增刊):226-231.

[45] 任国玉，姜彤，李维京，等. 气候变化对中国水资源情势影响综合分析[J]. 水科学进展,2008,**19**(6):772-779.

[46] 王国亚，沈永平，苏宏超，等. 1956—2006年阿克苏河径流变化及其对区域水资源安全的可能影响[J]. 冰川冻土,2008,**30**(4):562-568.

[47] 章大全，钱忠华. 利用中值监测方法研究近50年中国极端气温变化趋势[J]. 物理学报,2008,**57**(7):6435-6440.

[48] 邹旭凯，张强，任国玉．中国气象干旱指数及其监测研究[J]．气候与环境研究，2010，**15**(4)：371-378.

[49] 费宇红，陈宗宇，张兆吉，等．气候变化和人类活动对华北平原水资源影响分析[J]．地球学报，2007，**28**(6)：567-571.

[50] Wang J，Mendelsohn R，Dinar A，et al. The Impact of Climate Change on China's Agriculture [J]. Agricultural Economics，2009，**40**：323-337.

[51] 谭方颖，王建林，宋迎波，等．华北平原近 45 年农业气候资源变化特征分析[J]．中国农业气象，2009，**30**(1)：19-24.

[52] 廉毅，高枞亭，沈柏竹，等．吉林省现代气候变化对粮食生产影响的简析[J]．气候变化研究进展，2007，**3**(1)：46-49.

[53] 石淑芹，陈佑启，姚艳敏，等．东北地区耕地变化对粮食的影响评价[J]．地理学报，2008，**63**(6)：574-586.

[54] 谈建国，郑有飞，彭静，等．城市热岛对上海夏季高温热浪的影响[J]．高原气象，2008，**27**(增刊)：144-149.

[55] Zhou X N. Epidemiology of Schistosomiasis in the People's Republic of China，2004[J]. Emerging Infectious Diseases，2007，**13**(10)：1470-1476.

[56] 黄世宽，熊汉锋．湖北省湿地生态环境现状分析及对策[J]．鄂州大学学报，2008，**15**(5)：38-41.

[57] 韩秋影，黄小平，施平，等．华南滨海湿地的退化趋势、原因及保护对策[J]．科学通报，2006，**51**(增刊 II)：102-107.

[58] 胡娅敏，宋丽莉，刘爱君．登陆中国不同区域热带气旋气候特征的对比[C]．大气科学研究与应用，北京：科学出版社，2008.

[59] 时小军，陈特固，余克服．近 40 年来珠江口的海平面变化[J]．海洋地质与第四纪地质，2008，**28**(1)：127-134.

[60] Moseley R K. Historical Landscape Change in Northwestern Yunnan，China [J]. Mountain Research and Development，2006，**26**：214-219.

[61] 程建刚，解明恩. 近 50 年云南区域气候变化特征分析[J]. 地理科学进展，2008，**27**(5)：19-26.

[62] 崔鹏. 长江上游及西南诸河泥石流滑坡及其减灾对策[J]. 中国水土保持，2008，(12)：31-34.

[63] 海香，李强，任明明. 2006 年重庆特大旱灾及其原因分析[J]. 陕西师范大学学报，2008，**36**(2)：85-90.

[64] 蒋忠诚，曹建华，杨德生，等. 西南岩溶石漠化区水土流失现状与综合防治对策[J]. 中国水土保持科学，2008，**6**(1)：37-42.

[65] 丁永建，刘时银，叶柏生，等. 近 50 年中国寒区与旱区湖泊变化的气候因素分析[J]. 冰川冻土，2006，**28**(5)：623-632.

[66] 张强，邓振镛，赵映东. 全球气候变化对中国西北地区农业的影响[J]. 生态学报，2008，**28**(3)：1210-1218.

[67] Van Vuuren D P, Edmonds J A, Kainuma M, et al. A special issue on the RCPs . Climatic Change, 2011, **109**: 1-4.

[68] Van Vuuren D P, Edmonds J A, Kainuma M, et al. The representative concentration pathways: an overview. Climatic Change, 2011, **109**: 5-31.

[69] Riahi K, Rao S, Krey V, et al. RCP8. 5: a scenario of comparatively high greenhouse gas emissions. Climatic Change, 2011, **109**: 33-57.

[70] Masui T, Matsumoto K, Hijioka Y, et al. An emission pathway for stabilization at 6 Wm-2 radiative forcing. Climatic Change, 2011, **109**: 59-76.

[71] Thomson A M, Calvin K V, Smith S J, et al. RCP4. 5: a pathway for stabilization of radiative forcing by 2100. Climatic Change, 2011, **109**: 77-94.

[72] Van Vuuren D, Stehfest E, Elzen MGJ, et al. RCP2. 6: exploring the possibility to keep global mean temperature increase below 2℃. Climatic Change, 2011, **109**: 95-116.

[73] 钱锦霞，张霞. 近 40 年山西省初终霜日的变化特征[J]. 地理学报，2010,6**5**(7)：801-808.
[74] 项目组. “气候变化对山西农业生态安全的影响”项目技术报告，2011.
[75] 刘文平，郭慕萍，安炜，等. 气候变化对山西省冬小麦种植的影响[J]. 干旱区资源与环境，2009,(11)：88-93.
[76] 李燕. 气候变化对山西省典型植物物候影响研究[D]. 南京信息工程大学硕士学位论文. 2010.
[77] 山西省统计局. 山西统计年鉴 2012[M]. 北京：中国统计出版社，2012.
[78] 杜顺义，王志伟. 气候变暖对山西农业生产及粮食安全的影响[J]. 中国农业气象，2009,**30**(增)：29-32.
[79] 范堆相. 山西省水资源评价[M]. 北京：中国水利水电出版社，2005.
[80] 山西省水利厅. 山西省水资源公报，2001-2011.
[81] 张敬平. 山西河川径流近年来变化趋势及其预测分析[J]. 水资源与水工程学报，2010,**21**(3)：107-110.
[82] 李瑞萍，李鸽. 太原冬季采暖期气温变化特征与节能效应分析[J]. 气象科技，2008,**36**(6)：776-778.
[83] 武永利，李智才，王云峰，等. 山西典型生态区植被指数(*NDVI*)对气候变化的响应[J]. 2009,**28**(5)：925-932.
[84] 山西省人民政府. 山西省国民经济和社会发展第十二个五年(2011—2015)规划. 2011.